新装分冊版

［実践版］

ヒマラヤ聖者への道

5

久遠の生命

ベアード・スポールディング著
成瀬雅春訳

ヒカルランド

かつて地球上を支配していた偉大なる文明の言葉には
一語たりとも否定的な言葉はなく、
ちっぽけな過去や、未来を表す言葉もなく、
「すべては今ここにおいて完全に成就し、完成している」
という意味の言葉しかありませんでした。

人類は、今日まで神を外に求めること、
あるいは神を外に見ようとすることによって、
最大の過ちを犯しています。

「私は豊かさそのものである」
身・口・意で表現すると、
肉体のエネルギーが活性化されます。

हिमशैलसिद्धानां जीविकोपदेश

常に最高のもの、常に気高きもの、
常に純粋なるもの、常に光のみを思念することです。
生命とエネルギーを限定するようなことは、
決して考えないことです。

「弟子の準備ができた時、師は現れ給《たま》う」のです。
大師方に会うのに、何もインドまで行く必要はありません。
今自分のいる所、
そこで対面することができるのです。

हिमशैलसिद्धानां जीविकोपदेश

献辞

この本は、自らは進化の高き段階にありながら、
ひたすら地上の人類を支援し、
絶えず真理、自由、そして意識や知性の高度な世界への道を指し示す、
偉大なる存在たる我らの兄たちに、親愛をこめて捧げます。

「今」というゆるぎない意識から生じる奇跡の数々

成瀬雅春

本書は『ヒマラヤ聖者の生活探究』というタイトルで昭和44（1969）年に霞ヶ関書房から全5巻で出版されました。今回新しい翻訳で復刊することになり、私にその役目が回ってきました。

原書が6巻あるということを、私自身今回初めて知りました。第5巻までは、すでに読んでいたのですが、第6巻はまだ見ていなかったので、楽しみながら目を通しました。

旧訳本を知っている読者の方も多いと思います。そういう人は私と同じように今回の第6巻を楽しみに読まれると思います。旧訳本がなぜ第6巻を出版していなかったのかは判りませんが、第6巻は、著者ベアード・スポールディング氏による質疑応答が中心です。著者が晩年になって語る、心からの回答には興味深いものがあります。

一八九四年に、ベアード・スポールディング氏を含む調査団がヒマラヤを訪れて、ヒマラヤ聖者エミール師の生活をつぶさに調査しました。それから120年という時間が経過しているので、その間に科学も進歩し、物質文明が急速に発展しました。

しかし、科学が発達したように見えても本書に登場する数々の奇跡と思える「真実」には、いまだに科学は追いついていません。私が1990年に実践した「地上1メートルを超える空中浮揚」でさえも、いまだに科学的にはタブーの領域です。

私が実践した空中浮揚は、現在普及しているデジタルカメラではなく、ネガフィルムのカメラで撮影したものです。そこに写っているインチキしようのない写真さえも、認めることができないという現代科学の幼稚さでは、とてもエミール師が実践した「奇跡に見える普通の現象」は理解できないと思います。

必要な量の食事が、一瞬で食卓に出現するのは、今その食事が必要だからです。――と聞いても、そんなに都合よくいくわけがない、と思ってしまうのが一般的な意見です。それは「今」というキーワードの重要さに対する認識が不足しているからです。

第5巻第3章94～95頁に次のような言葉があります。

イエスの言葉は、すべて今、ここに顕現しています。イエスの世界においては、未来はなく、すべてが今なのです。初めて言葉ができた頃には、未来を表す言葉も、過去に相当する言葉もありませんでした。その語彙《ごい》は、すべて今・ここを表すものばかりです。

この、文章を読んでも「今」の重要さはピンとこないかもしれません。そこで、このことについて少し説明します。

まず「過去」という概念があると、例えばトラウマという現象が起きます。非常につらい体験をすると、心に大きな傷がついて、それを生涯引きずることになります。心身症、精神障害などを病むのは、この「過去」の出来事から来るのです。イエスの言葉にある「すべては今」という世界では、そういったトラウマが生じることは皆無です。

また「過去の栄光」という言葉もないので、偉い人という概念がありません。まさに「すべて平等」なのです。貧富の差、人種差別、上下関係など、人生でトラブルや諸問題が生じるような現象が最初からないので、「すべては今」という時代の人々は淡々と平常心で生活していたと思われます。

そして「過去」という概念がないと、「老いる」という意識が生じないのです。1年経った、10年経過したという意識がないので、不死の可能性が生まれるのです。本書に登場するエミール師などのように死を克服している人には、確固たる「今」という意識があるのです。


未来を表す言葉が存在しないということは、「必要なこと」「必要なもの」は、「今」その場で生じる、「今」その場に出現するということです。イエスやエミール師のもたらした数々の奇跡は、この「今」というゆるぎない意識から生じるのです。

「面倒だから明日やろう」「そのうちやろう」と思っていると、明日どころか生涯できないことになるのです。「したいなあ」「できるだろう」ではなく、「できた」「できている」という姿勢が必要なのです。

食糧が必要なのは「今」だからこそ、一瞬で必要な人数分だけの食事が食卓に並ぶのです。明日必要な食事が、「今」目の前に出現することはないし、それはできないことなのです。昨日必要だった食事を「今」用意しても手遅れなのと同じことです。

少なくとも「今」ということに対して、このぐらいの認識があれば、数々の奇跡的な現象が起きても不思議ではないのです。――とは言っても、すでに「過去」と「未来」という言葉がしっかりと居座っている現代では、「すべてが今」という認識を持つのは難しいです。

その奇跡的現象を可能にする「すべてが今」という認識を持つテクニックが、私が実践しているヨーガです。『ヨーガ・スートラ』などのヨーガ経典には、空中浮揚や空中歩行ができるということが、数多く書かれています。

私の空中浮揚写真を見た人の多くから、「どのぐらいの時間浮いているのですか？」という質問をされます。それに対して私は、こう答えます。

「時間と空間を超越しないと、空中浮揚はできません」

浮いている時間、という概念が生じた瞬間に過去と未来が出現してしまい、空中浮揚は失敗するのです。時間という概念が生じると「経過時間」という過去と、「何時間後」という未来が存在してしまいます。私の実践している空中浮揚は「今」しかないのです。これは、イエスの説いていることと同じです。

ヨーガを実践すると、意識操作に長《た》けてきます。

「今」に意識をフォーカスすると、その瞬間「過去」と「未来」が消え去ってしまいます。そういう意識状態を作って、さらに特殊な呼吸法と繊細な肉体の操作を加えることで、私の「空中浮揚」が実現するのです。

しかし、空中に浮くことが重要なのではなくて、自分自身をコントロールすることが重要なのです。ヨーガは、限りなく繊細に自分自身をコントロールします。

私が実践しているヨーガのテクニックには、体温を自在に調節したり、心臓の鼓動を止めたりというものがあります。

人間に内在する大きなエネルギーを「クンダリニー」と言いますが、そのクンダリニーエネルギーは、通常の生活には必要ありません。しかしそういう大きなエネルギーが必要になったときに使いこなせるように鍛錬するのが、クンダリニー・ヨーガです。

クンダリニー覚醒を目指す人は多いのですが、危険で乱暴な方法で覚醒させようとしているケースが多いのは残念なことです。私が指導しているクンダリニー・ヨーガは、「覚醒しない」ようにする練習を積み重ねています。交通事故や、出産のショックや、尾てい骨を床に打ち付けたり、強い刺激を受けたりすることで、クンダリニーが覚醒してしまうことがあります。
これはアクシデントであり、事故です。そうして起きたクンダリニーエネルギーはコントロールができません。その結果、精神障害が起きたり、幻覚に惑わされたりということになります。通常の社会生活が送れなくなるような、こういう覚醒方法は、絶対に避けるべきです。
そうではなくて、クンダリニーが覚醒しても大丈夫なような、強靭《きょうじん》な身体作りをすることで、むやみにクンダリニー覚醒が起きないようにできるのです。クンダリニー覚醒をしてしまったり、空中に浮いてしまったりというのは、よくないことです。あくまでも自分のコントロール下で、クンダリニーを覚醒させたり、空中浮揚をしたりするのが、ヨーガの正しい修行です。私の空中浮揚も、完全に自分自身のコントロール下で実践しています。

本書を手にした人は、すでに第4巻は読んでいることでしょう。その第4巻186頁に次のような文章があります。

トランスに入るとどのような意識状態であるかについて、よく尋ねられます。トランス

とは、感覚活動の部分的な表現に過ぎません。それよりも私たちは、常に、真の活動、すなわち完成へと、自らの意識を結びつけたほうがよいのです。そして、この部分的表現が真の活動と一つになったとき、私たちは決してトランスには入らず、いかなる破壊的な催眠状態にも陥らないのです。

通常トランス状態になることを、「凄いこと」「特別なこと」と捉える人が多いのですが、この文章の通りそれは間違いです。しっかりと自分を認識して、確かな瞑想能力があれば、トランスには陥りません。

瞑想状態というのを勘違いしている人が多いです。瞑想するとボーッとするとか、自分がどうなったか判らなくなると思う人がいます。もし、その人が瞑想していてそうなるとしたら、その瞑想は間違ったやり方をしているのです。

瞑想は深くなればなるほど、あらゆることがクリアになり、自分の状態から周囲の状態、さらには宇宙のすべてまでが、はっきりと理解できるようになるのです。つまり、ボーッとするとか、自分がどうなったか判らなくなるというのは、瞑想の逆の状態です。

瞑想能力が高まると、あらゆることが判るようになるので、視野が広くなります。

――ということは、人生で重要な判断を下すときに視野が狭くて、判断を誤るということがなくなるのです。

「あらゆることが判る」ということの中には、他人の健康状態から性格から何を考えているかも判るので、人間関係を損ねるような言動もなくなり、その人を思い遣《や》れるようになります。

しかし「あらゆることが判る」のではなく、中途半端に他人のことが判ったりすると、霊能者や超能力者になってしまうケースがあります。そうすると、その能力を公開したり、悪用したりすることになります。「あらゆることが判る」レベルになると当然、その能力を公開したり、悪用しようなどとは思わないのです。

その結果、人生を送る上でのトラブルがほとんどなくなり、豊かな生涯を送ることができるのです。瞑想にはそういうメリットがあります。

私たちがパワーにアクセスしないのなら、私たちは、自分自身をパワーから引き離し続けてしまう

瞑想は難しい、と考える人が多いのですが、それも勘違いです。

瞑想は「自分自身を観察」し、「自分を知る」だけです。

そのために瞑目して「今の自分の状態を観察する」のです。極端に言えば、瞑想テクニックはそれだけなのです。「無になる」とか「法悦境を得る」のが瞑想だと考えているとしたら、その考えは捨ててください。

もう一度言いますが、瞑想は「自分を観察する」「自分を知る」ことだけです。

「無になる」必要も「法悦境を得る」必要もありません。

自分を見据えるのに必要なのは、外に意識を取られない「コントロール能力」だけです。

そのコントロール能力を身につけるには、ヨーガを実践するとよいでしょう。

ヨーガは自分の肉体をコントロールし、呼吸をコントロールし、心をコントロールし、最終的には「死」をコントロールするのです。

自分のコントロール下で死に至ることを、ヨーガではマハーサマーディ（偉大な悟り）と言います。死をコントロールするというのは、思い通りに「自然死」できるということです。自殺するというのではないです。

自殺は絶対に避けるべきです。自分の命だから自分の勝手にしていいだろうというのは、間違いです。自殺は殺人と同じ罪です。

それに対して、自分自身の意思で自然死するマハーサマーディの方は、自分の命を大切にして、自分の人生を大切にして生きて、あらゆる執着から解放されて、なおかつ強靭な精神力と胆力を伴っていなければ、不可能なことです。

通常、自殺以外には、自分の死期を選べません。人生において生き方の選択肢はたくさんあります。食べたいものを食べ、趣味に時間を費やし、行きたいところへ行く、という具合に、人の生き方にはかなり自由性があります。もちろん、それには多少の努力が必要です。しかし、どんなに努力しても、頑張っても自由にならないのが「死」です。

最も困難だからこそ、ヨーガ行者は、究極の自己コントロールであるマハーサマーディを目標に修行するのです。自分の肉体をコントロールして自由に使いこなし、呼吸をコントロールして生命力にあふれた状態にし、心をコントロールして、何事にもくじけない強靭な精神力を身につけて、その結果「マハーサマーディ」という最も理想的な「死」を獲得するのです。

本書第6巻第1章47頁に次のような文章があります。著者のベアード・スポールディング氏の言葉です。

私たちの研究は「死というものは、存在しない」と断言し、かつ証明できるようになりました。それは個人によってのみ達成できるのです。

自分の意思で自然死するマハーサマーディと「死は存在しない」というのは、矛盾すると思われるかもしれませんが、そうではないです。ヨーガで究極の自己コントロールを体得すれば、「死」を自在にコントロールできるようになります。それは、自分が肉体から離れる（＝死）タイミングを自在に操作できるということです。

――ということは、「死なない」というコントロールもできるのです。エミール師を始めヒマラヤ聖者は、その意味で死を克服しています。

大切なのは「それは個人によってのみ達成できるのです」という部分です。私たちヨーガ行者は、基本的に「自分自身を高める」ために修行します。どこかの団体に属して、そこで階級を上げたり、位が決められたりということではありません。あくまでも、「個人によって達成できる」のが、ヨーガであり、マハーサマーディなのです。

ヨーガで得られる能力は他者からパワーを与えられたり、エネルギーを得たりするものではないです。あくまでも自分の内奥から生じてくるのです。そのことが第6巻第5章102頁に書かれてあります。

もし私たちが、パワーを、自分自身を超越した何かだと認識するなら、私たちは退歩しているのです。もし私たちがパワーにアクセスしないのなら、私たちは自分自身をパワーから引き離し続けてしまいます。パワーはまさに自分の内に在り、他のどこにも存在しません。

ヨーガでは、グル（導師）なしには、悟りには至れないと言われていますが、私はそうは思いません。グルはあくまで、チェラ（弟子）が悟りに至れるように、ヒントを与えてくれる存在です。悟るのはグルではなく、チェラ本人なのです。悟りに至るための答えは本人の内奥にしか、存在しません。

そのことを認識して、しっかりと自分の内奥を見据えることのできるヨーガ行者であれば、グルの必要性はないと思います。

第6巻第10章148頁に「人類にとって最も価値のあることは、私たちが日々生活するなかで、人生のどの瞬間も活用することのできる、シンプルな真実なのです」という言葉が出てきます。悟りを得た人とか聖者とか、偉い人など世の中にはたくさんいますが、この言葉通りに、普通に人生を歩む中で活用できることが最も価値のあることだと思います。

「おてんとうさまのことを思うと、怒る気がしなくなる」
――祖父の得た境地こそが本当の悟り

ここで、そういう一市民として生きてきた、私の祖父の話をします。

世界中には、聖者、覚者、偉人、尊者など素晴らしい人がたくさんいるのですが、どんなに偉人といわれている人でも聖者でも、私たちが知ることができるのは、その人の一側面のみです。伝わってくることは、日常生活ではなく、公的な部分です。その聖者の24時間すべてを知ることはできないので、私には正確な評価は下せません。

それは、仏陀でもイエス・キリストでもエミール師でも同じことだと思います。それに比べて家族の場合には、一日中いっしょに暮らしているため、良い面も悪い面もすべてが見えてしまいます。だからこそ、私は祖父を尊敬せざるを得なくなりました。

祖父は皇宮警察の警察官を定年まで勤めあげ、その後は恩給で生活するかたわら、商売をしてみたり、薬剤師の免許を生かして薬局に勤めたりしていました。そして東京オリンピックのあった昭和39年10月7日に77歳で他界しました。

私は生まれてからずっと、祖父母といっしょに暮らしていたのですが、その間一度たりとも祖父が怒ったのを見たことがなかったのです。そのことが子供のころの私には不思議でした。

私は祖父を怒らせるようなことや困らせることを、わざとしてみたことがあります。そういうときに祖父は、少し悲しそうな顔をして「じゃあ、どうしたいんだい」と私に聞いてくるのです。

祖父を困らせようと思って最初から無茶なことを言っているので、「どうしたいんだい」と聞かれると私のほうが困ってしまいます。絶対に怒ることなく根気よく、孫の私が納得するにはどうすればよいのかを聞き出そうとするのです。

子供というのは何でも疑問に思うと大人に「どうして」と聞くものですが、私もやはり祖父にいろいろ質問をしたそうです。晩年の母から聞いて知ったのですが、そういうときに祖父が知らないことだと、必ず図書館へ行って調べて、ちゃんと私に教えてくれていたそうです。

また、祖父が他人からひどい仕打ちを受けたときでも「どうして、あんなことをするのかなぁ」と言って悲しそうな顔をするのですが、怒りはしません。「人前で怒らない」という人はたくさんいても「生涯怒らない」という人は滅多にいないのではないでしょうか。もっとも私は祖父の生涯を知っているわけではないです。私が生まれる前の祖父のことは判りません。そこで、母に聞いてみたことがありました。そうしたら私の想像通り、母も生まれて以来一度も怒られた記憶がないし、祖父の怒った顔を見たことがないとのことです。そして念のため、いとこたちにも聞いてみたのですが、やはり祖父に怒られた記憶のある人は誰もいませんでした。

母も私と同じように、なぜ怒らないでいられるのか疑問に思い、直接祖父に聞いてみたそうです。そうしたら「おてんとうさまのことを思うと、怒る気なんかなくなってしまう」というようなニュアンスの答えが返ってきたそうです。

僧侶でも修行者でも聖者でもなく、ただの平凡な一市民である祖父の得たこの境地は、本当の意味での悟りであると思います。新興宗教の教祖やヨーガのグル（導師）には、悟りを得たという人が多いですが、表現は悪いかもしれないですが、これは職業上の宣伝材料に使われるものであって、純粋に悟ったとはいえない部分があります。

なぜなら悟りとは「真理を得る」ことであり、「真理」は絶対に言葉であらわすことのできないものだからです。もし本人が「悟りを得た」と言ったとしたなら、それは本当の悟りではないです。悟ったという錯覚をしたにすぎないです。教団を作り信者を集めて教祖になる人のなかには、本当に悟り（＝真理）を得た人は一人もいないと私は思っています。本当に悟りを得たならば、むしろ教祖になるのを避ける努力をするはずなのです。

エミール師も、ヒマラヤ聖者ではあっても教祖ではないです。

祖父はまた強い精神力の持ち主だったと思います。そのひとつの例が、煙草をやめたときのことです。

祖父はパイプではなく日本式のキセルにきざみ煙草をつめて吸うのが好きでした。ひと仕事終えたあとなどに、じつにうまそうに吸っている姿が私の記憶に残っています。

その祖父がある日、愛用のキセルを折って、煙草や灰皿といっしょに捨ててしまったのです。私たちがどうしたのかと聞くと、ひとことつぶやきました。「体に良くないようだからやめた」

その後、祖父が亡くなるまでの数年間、ただの一度も祖父が煙草を吸うのを見たことがないし、煙草を吸いたいというような言葉も聞いたことがありません。それは煙草の害が騒がれるよりはるか前のことです。やめたその日からイライラすることもなく平然と、まるで煙草など吸ったことがないというような感じで毎日を過ごしているのを見て、祖父の精神力の強さに驚かされました。

もうひとつの祖父の特長は「イヤ」ということを言ったことがないことです。私と母の知っている限りでは、祖父が何かを頼まれたときにイヤと言ったことがまったくなかったです。そのために近所の垣根を修理してあげたり、物置き程度なら、そのへんの材木を使って見事に作り上げてしまうのです。別に大工の技術があるというわけではなく、器用でマメなだけなのです。今ならば便利屋としていい収入になるのでしょうが、すべて無報酬でやっていました。

その祖父の器用貧乏が最高に発揮されたのが、家の増築でした。当時の私の家には、少しばかりの庭があったのですが、そこに建築に関してはまったくの素人の祖父が、一部屋を作ってしまったのです。現在のように、自分で家を建てるためのハウツー本などないし、まったくの素人大工です。いとこや私などもノコギリやカンナを持って手伝った覚えがあります。その部屋はその後、家を建て直すまでの十数年間しっかりと使われました。

祖父は婿養子なので、元は長南《ちょうなん》善治という名前で、結婚して成瀬善治となりました。長南というのは珍しい名前なので、もしかしたら大正時代に14年間絶飲絶食をした長南年恵さんと関係があるのかもしれません。もしそうだとしたら、私がヨーガ修行をし、空中浮揚をするようになったのも、長南の血縁のせいもあるかもしれません。そうでなかったとしても、私は祖父の影響をかなり受けていることだけは確かです。

インドに、どれほど素晴らしい聖者がいたとしても、私は祖父以上に魅力を感じる存在と出会えるとは思いません。ヨーガ行者にはグル（導師）が必要だというなら、私は祖父をグルだと思って生涯修行し続けます。

本書でベアード・スポールディング氏やエミール師から、繰り返し語られている話の裏には、「否定的な考えや悪意を持たず、善き思い、愛、神聖で満たすように」というメッセージが溢《あふ》れています。

目を見張るような奇跡が凄《すご》いのではなく、一市民が清い心を持って生活していることにこそ価値があるのです。本書の中に「自分が神聖であると悟った瞬間、すべての制約から解放される」とあります。この言葉に誇張はなく、自分自身の内部にこそ、最も神聖な、最も必要な最高の宝が潜んでいるのです。

凄い人、素晴らしい人を外に探すのではなく、自分の内奥にこそ、その凄い人、素晴らしい人が存在していることを知ってください。

神のような人、聖者のような人を外部に求めてはいけません。

それは、自分自身の内部に存在しているからです。

そしてその内在している凄さ、素晴らしさは、一市民としての生活を続けていくことによって、最高に発揮されるのです。

本書の6巻シリーズから、皆様が人生を歩むためのヒントを、少しでも得てもらえれば幸甚です。

『ヒマラヤ聖者への道』シリーズについて

ベアード・スポールディング氏は、人類と地球の進化を助け、導いている多くの大師（マスター）たちの存在を、西洋世界に紹介するという重要な役割を果たしました。『LIFE & TEACHING OF THE MASTERS OF THE FAR EAST』（『[実践版]ヒマラヤ聖者への道』）シリーズは、この30年間、真理を教授する講演者や指導者たちにより、本書に書かれた知識を世界各地に広めるために、活用、販売されてきました。偉大なる存在たちは、人類を教え導くという明確な目的、生命の重要な法則に気づかせ、注意を向けさせるために出版という方法を用いられました。

イエスが言ったように「私があなたがたに為すことは、あなたがたも為すようになり、さらに偉大なことを為すであろう」と願っています。

全6巻の内容を抜粋して紹介します。

第1巻

エミール師の紹介ー沈黙の寺院を訪ねるー体外遊離ー水上歩行ー癒しの寺院を訪ねるーエミール師、アメリカについて語るーヒマラヤの雪男ーイエスの教えへの新たな光。

第2巻

T字型十字（Tau Cross）寺院を訪ねるーイエス、師を訪ねるーイエス、地獄の本質・神の本質を語るー思考の振動の神秘ーイエス、民衆を養うー癒しの体験についてーイエスとブッダ、集団を訪ねる。

第3巻

マスターの一人、キリストの意識について語るー宇宙エネルギーの本質ー惑星と世界の創造ーラサへの旅ーポーラ・タット・サンガを訪ねるー空中浮揚の謎を明らかにするー不信者、イエスの存在を確信するようになる。

第4巻

本内容はもともと「インドの旅で得た教え」として書かれたもの。各章には研究のためのテキストの他、指導者が内容を発展、解釈するためのガイドが付いています。
［扱われるテーマ］大白色聖同胞団――一つのマインド――来る社会再組織の基礎――プラーナ、他。

第5巻
本内容はスポールディング氏が亡くなる前の2年間、南カリフォルニアで行った講義によるもの。短い略伝付き。
［内容］過去の出来事を写すカメラ――神は存在するか――神のパターン――現実――死を超える――供給の法則、他。

第6巻
1935～1937年、『Mind Magazine』に掲載されたスポールディング氏による18の記事と問答。スポールディング氏の当時の略伝付き。特別コーナーではスポールディング氏やインド旅行の一行、カルカッタでの船上宿泊などの貴重な写真、さらに旅先からの手紙や思い出の品も紹介。スポールディング氏による7つの原稿には以下の内容が含まれます。神の祈りの原型――神の支配――永遠の若さ――限界からの脱却――思考の力。友人による賛辞や懐古談も収録。

ベアード・スポールディング略伝
——卓越した直観力を持った原子研究におけるパイオニア

ある人のパーソナリティや実績に対して、熱い関心が広く存在する場合、まさに『[実践版]ヒマラヤ聖者への道』の読者によって示されてきたように、そこには必ず崇高な霊的真理の炎が燃えているものです。

現代において、ベアード・スポールディング氏ほど関心を呼んだ人は少なく、その名前は20世紀前半、形而上学《けいじ》と真理の世界で伝説となりました。

スピリチュアルなインスピレーションが熱く世界に広まるのを、スポールディング氏ほど感じた人はいないでしょう。その人間性、メッセージに表れている態度、そしてメッセージそのもの、これらのすべてが、氏の言葉の真理、人としての誠実さを鮮やかに証明しています。
長年にわたり、世界中から届いた数え切れないほどの手紙は、本シリーズのメッセージが人々の大きな助けとなっていることの証《あかし》であり、彼が亡くなり、より高い学びの場へと旅立って何年にもなる今も、続々と寄せられています。

ベアード・スポールディング氏は1953年3月18日、アリゾナ州テンペにて、95歳であの世に旅立ちました。彼は亡くなる直前まで、本業である採鉱事業に精力的に取り組んでいました。

ダグラス・K・デヴォース氏はスポールディング氏のことを誰よりもよく知っていたようです。ここでデヴォース氏が1953年3月22日、アリゾナ州テンペでのスポールディング氏追悼会で述べた言葉から引用しましょう。

スポールディング氏は会う人、誰に対してもとても控え目で、謙虚な奉仕者でした。どんな状況であっても、その人格や偉業を成し遂げた人物であることを、聴衆に対して詳しく紹介することを許してはくれませんでした。

1935年以来、私は共に北米の200以上の都市を旅するという、きわめて稀《まれ》な機会を得ました。そして、その期間のほとんどを、朝から晩まで一日中ずっと、大変親しく過ごしたのですが、それでも正直に言わせてもらうと、これほどさまざまな面を持ち、これほど多岐にわたって活動するこの偉大な人物を、本当に理解した人、あるいは団体はいないのではないかと思うのです。

私の知る限り、スポールディング氏は世界の、どこのどんな規模の町であれ、家に招かれず、食事をもてなされない所はありませんでした。いつも歓迎されたのです。なぜなら、氏は私たちの友人であっただけでなく、多くの人々にとっては父のような存在でもありましたから。そしてこの20年間、彼は実に楽しそうに過ごしていました。物質的なものは大した問題ではないといった境地に達したようにも見えました。

個人として、どれほどの収入を得ていたのかは、私も、誰も知りませんが、それでも、亡くなったときに裕福だったとは決して言えません。物質的な所有物はわずかでした。

彼が残した偉大な遺産は、イエスの教えについて成し遂げた貴重な発見の中にこそあったのです。スポールディング氏は、金銭的利益のために執筆や講義を行うことは決してなく、手に入るお金はすべて開放し、すぐに分配していました。

彼の慈善活動がどれほどの規模のものだったか、知る手立てはありません。というのも、氏は物質的な援助を必要とする人に頼られたら、自分が持っているすべてを慈善活動に捧げたのですから。そうでなければ、いつもとても裕福な状態だったはずです。とは言え、実際のところ、ある意味スポールディング氏ほど恵まれた人を私は知りませんし、並はずれた理解力によって成し遂げたすばらしい功績を、しかもそれが明らかに人生の早い時期になされたことを、うらやましく思ったのです。

タイプ原稿から始まった『[実践版]ヒマラヤ聖者への道①』は、すぐに2万件以上の注文を受けることになった

彼がイエスと、偉大なマスターたちの生活に関する発見を最初になしたのは、約65年前のことでした（※1961年当時）。彼は現世の超人たちを訪ね歩き、その中には彼がとても崇拝する偉大な科学者スタインメッツ氏（電気工学者）もいました。

スポールディング氏とスタインメッツ氏が共に写った写真を拝見したことがあります。スタインメッツとエジソンの両氏は、山上の垂訓の記録を、「イエスが実際にそれを行ったときの言葉と声で作ることが可能になる」と予言していました。

その他多くの驚くべき発見や露見は、スポールディング氏が世界各地での長きにわたる任務や活動の期間になされました。

著書がそもそもどのようにして出版に至ったかについて遡《さかのぼ》ってみたいと思います。

1900年代初期、インドのカルカッタでのスポールディング氏を知っている人々によると、彼はインドでの体験談を手書きで執筆することを決心したそうです。

友人たちが、ぜひ原稿をタイプして、そのコピーを手に入れたいと頼むので、彼はずいぶん長い間、タイプで打った体験談（のちに第1巻となったもの）を持ち歩いていました。人々はそれを仲間内で読みまわしていましたが、やがてカリフォルニア州のオークランドに住む、ある著名な女性の手に渡りました。

オークランド市営鉄道の建設者を夫に持つこの女性は、サンフランシスコにある自分の印刷業、『カリフォルニアプレス』で、「この体験談を1000部、安価な製本で印刷してもかまわないか」とスポールディング氏に尋ねました。友人たちにこの本を贈りたいと考えたのです。スポールディング氏は承諾し、この後すぐにイングランドへと発ちました。

この本は印刷され、彼女の友人たちのもとに贈り物として届けられました。約60日の間に、まったく驚くべきことに、この本を求める注文は2万件以上にも及んだのです！スポールディング氏はイングランドから戻ったとき、自分の発見と体験に対する人々の関心に驚きました。そこで残りの原稿も出版することを彼女に認め、それが第2巻になったのです。

それから10年ほど、スポールディング氏は執筆をしませんでした。しかし、ほぼ毎晩のように招かれたり、友人を訪ねたりし、食事の後、ちょっとした問答にひとときを過ごす、こんなふうにして実に多くの人々と出会いました。探究者としての日中の仕事を終えると、こうした小さな会合で投げかけられる多くの問いに答えるのが常で、口伝えの評判はたちまち広まっていったのでした。

けれども、こうした活動は、セシル・B・デミル監督が映画『キング・オブ・キングス』を制作している間、中断しました。スポールディング氏は、この映画の聖書関連の専門用語アドバイザーとしてデミル氏に雇われたのです。

私のスポールディング氏との体験は、25年ほど前に始まりました。私はとりわけ著作に、そして著作が世界中に広まっていることに関心を持ちました。

当時、新思想（ニューソート）や、スピリチュアル系の読み物、研究への関心が急激に高まり、多くの人々がスポールディング氏の新しい作品を強く望んでいました。ついに、彼はごく親しい友人の一人に、落ち着いて執筆に取り組めそうな田舎の小さな家に招かれ、そこで3巻として知られる作品『[実践版]ヒマラヤ聖者への道③　深奥の望みを実現する法則』を手書きで完成させたのです。この本はすぐに刊行されました。

そうするうちに、ある噂《うわさ》が広まり始めました。スポールディング氏が亡くなったというのです。そこで私は彼に提案しました。「10月4日まではインドに船旅をする予定も、世界各地をまわる予定もないのだから、ニューヨークに一緒に行きませんか、その途中で比較的大きな都市にいくつか立ち寄って、大勢の読者と会い、広まっている噂は誤りであることを知らせませんか」と。

するとスポールディング氏は、「もし30日ほどでできるならば、それはいい考えだ」と同意しました。それで、1935年8月の後半、私たちは30都市を選び、30日でまわることに決めたのです。

この話をするには理由があります。というのは、皆さんの多くがご存じのように、スポールディング氏はほんの数日前まで、身体的にはほとんど限りないほどの活力にあふれていたからです。彼は疲れるということが全くありませんでした。一晩にわずか3、4時間しか睡眠をとらずに、2、3週間くらい続けて過ごすことができたのです。

彼は自分のために何か要求することはありませんでした。偉大な治癒者、実践者、予言者、超能力者、その他そうした類の活動に対して、見返りを求めることは決してありませんでした。

そして彼がすべての執筆を、ちょうど皆さんが座って誰かに手紙を書くように行っていたことを断言できます。原稿が自動書記や、透聴、透視、あるいはそういう類のものから生まれることは決してありませんでした。そうしたものは必要なかったのです、というのも彼は大師たちに出会ってよく知っていましたから。ちょうど、スタインメッツ博士やノーウッド博士のような、偉大な科学者や宗教家を知っているのと同じように。後者はニューヨークの牧師でスポールディング氏のとても親しい友人の一人でした。

地球物理学の研究に打ちこみ、原子研究における
パイオニアの一人だったスポールディング氏

こうした事実は皆さんにとって興味深いのではないかと思います。彼はおそらく私たちが今日の午後、ここで行っている「追悼式」を認めようとしないかもしれませんが。というのも、肉体的なものは個人の真の「生命」にはごくわずかしか関わりがないことを悟っていたからです。確か、彼はこう言っていましたね。「キリストは皆さん、一人ひとりの中にいます」と。そして、これは彼がすべての人に気づいてほしいと願った大切なことなのです。

時々、「アメリカには何人のマスターがいますか?」と尋ねられると、彼はこう答えたものです——「この国には少なくとも1億5000万人のマスターがいるはずです」。それが彼の見解でした。つまり各個人が神やキリストと一体であることに気づき、ただ信条や教理、教派を崇拝するだけではなくなるだろうと考えていたのです。

皆さんの一人ひとりが、私が今いるこの場所に立ったとしたら、また少し違った話をすることができるでしょう。スポールディング氏が皆さんに個人として、兄弟として伝

えたかったことはそれぞれ異なるでしょうが、文章や会話を通じて人々の問いに答えるとき、彼は決して時間の制約を受けませんでした。

私は彼が一晩中友人と話し、相手が精神的、金銭的なつまずきの石を乗り越えるのを助けようとするのを見てきました。彼には卓越した直観力があるようでした。それが彼を偉大な科学者にしたのでしょう。

氏はドイツの古い大学都市ハイデルベルクで学びました。さまざまな時期に、あらゆる有名な科学研究所で働き、特に地球物理学の研究に打ちこみました。原子研究におけるパイオニアの一人だったのです。

彼はとりわけ個人の自助を促すことに関心を持っていました。また、人々にとって最も理解しがたいことに、物を所有することは彼にとってはほとんど意味がないようでした。なぜなら彼は、イエスと同じように、私たちができる最も偉大なことは、キリストの「生命（人生）」を生き、一切の制約から心を解き放つことだと悟っていたからです。

スポールディング氏はいつも私たちと共にいます。彼が実践し、教えようとしていた「神の生命」を生きるというチャンスに恵まれている人生を、多いに満喫しようではありませんか。

◎植物は特定の周波数を出して、成長に必要なエネルギーを引き寄せている　◎「完全なるもの」から放射される波動を活用すれば、ますます豊かになれる　◎人間は至高の英智を完全に与えられた存在であり、あらゆるものの中心にある　◎人間が神性であり完全である所以／神のプランが細胞に刻印されている　◎成功の想念を定着させる方法　◎潜在意識は心臓中枢の真下にある真細胞の神経叢につながっている　◎尽きることのない宇宙の豊かさを受けとりなさい
◎すべての自己限定を捨てされば、死をも克服することができる　◎不変の法則／神性英智が人間の全細胞に刻印され、数十億年も伝わり続けている　◎「神」という言葉の由来と、そこから分離した人間の先祖　◎偉大なる文明の人々には、一語たりとも否定的な言葉はなく、過去や未来を表す言葉もなく、「すべては今ここに成就する」という言葉しかなかった　◎「神は自分の外部に存在する偉い方」という思い込みを捨てた時に、偉大なる文明が現れる　◎宇宙の流れを受信するようチューニングすれば、インスピレーションは自分の中で起きるようになる

第5章 神の子の生き方

◎イエスが人類のためにしたこと／人間は人類全体を守護する力がある　◎70歳は、神人として完成し始める成年期　◎若さ・美・清純・完全が一つになった状態を理念として生きることには、何の元手もかからない　◎「老・病・死・苦」という催眠状態から抜け出す道　◎光を向けば、

自分が光になる／イエスの想念は原理だけに向けられていた　◎進化や成功への道を他人に頼ると、そのエネルギーが私たちの身体から出ていってしまう　◎「私はすべての否定的想念を追放します」と宣言してください　◎純粋な想念を所有できれば、必ず大いなる配当が生み出される　◎「完全な状態」を言葉によって創り出す／否定的なものを見たり聞いたり受け容れることを拒絶する　◎人間が悟性の門を開くと、そこに一種の磁場ができて全宇宙を包含する

第6章　汝すでに知っていると知りなさい

◎神癒の行われる原理／神殿の霊波が奇跡を起こすわけ　◎「自分はすでに知っている」という悟り　◎発明・発見の原理／波動として宇宙に満ちているものを、改めて引き出しているにすぎない　◎無我の心で病を治す奉仕を続けるスー族のインディアン　◎地上から40～50㎝ほどのクローバー畑の上を歩く少女　◎光が菩提樹を包み、折れた腕がひとりでに治ってしまった　◎「愛は天国の黄金の門」――私たちの語る言葉、起こす想念、感情がすべて　◎甲状腺に一心集中して、免疫力を意識的にコントロールする方法

第9章　供給の法則／豊かさがあなたの上に実現する　227

第10章　真理は汝を自由ならしめん　239

カバーデザイン　櫻井浩（⑥Design）
本文デザイン　櫻井浩＋三瓶可南子
翻訳協力　山川紘一郎
　　　　　合田秀行
本文仮名書体　文麗仮名（キャップス）

以下に続く各章は、スポールディング氏が、
人生の最後の2年間に南カリフォルニアで行った講義から抜粋したものです。

第1章

過去を写すカメラ／人間の想念や周波数の記録から、数万年昔の出来事を再現する

過去の出来事をすべて記録するカメラを造る

以下に展開される体験と発見と啓示は、ヒマラヤ山脈から広漠とした大ゴビ砂漠に至るまでの間、さらにニューヨークから中米・南米にわたるまで、及びサンフランシスコからフィリピン、アラスカ、カナダに及ぶ広域にわたって私たちが行った調査の結果です。

私たちはこの事業を40年以上も継続してきました。初めのうちは、ゴビやチベット、インドで発見した諸記録の翻訳をしていたのですが、やがて26人も擁する大きな組織へと発展していきました。

その結果、今では科学者たちも、私たちをかなり信用しはじめています。事実「過去の出来事を写すカメラ」と私たちが称している新式カメラで、少なくとも100万年昔に遡って、当時存在していた文明を見せることができるようになろうと、すでに彼らは2年前から信じてくれていたのです。

過去に遡って間違いなく数万年昔の出来事を撮影し得るとは、途方もないように思われるかもしれませんが、実にその線に沿って、極めて多くのことが達成されつつあります。私たちは、電気工学者のスタインメッツ氏の援助を得て、この事業を開始する光栄に浴しています。私自身、スタインメッツ氏と一緒に仕事をしましたが、その間に氏は、「ひとつ過去に入り込んで行って、お望みとあれば過去の出来事を全部記録するカメラを造りましょう」と言い出したのです。

そのようなわけで、構想をまとめただけではなく、そのカメラの図面まで作製したのです。こうして、結局私たちはこの仕事をやり遂げ、ただ今では、過去に入り込んで行って、あらゆる過去の事件を記録できることを、はっきりと言明できるのです。もちろん、これはひどく面倒なことをも引き起こしかねないので、過去の事件といっても、その中から取捨選択をするわけです。先ほども述べたように、科学者たちは100万年前までは遡れると現に認め、また信じつつあります。

この新式カメラ第一号での第一回実験は、スタインメッツ博士の発案によるもので、私は博士とは約9年も一緒に仕事をしてきました。博士は前々から、私たちはいずれ過去に遡って、すべての事件をつかむことができる、そしてどのような文明が存在し、いかなる推移を示したか等々を、実際に示すことができるだろう、とよく主張したものでしたが、それが実現したのです。

最初の実験は、アメリカ第一代大統領ジョージ・ワシントンの就任演説でした。それはニューヨーク市の、現在ではフェデラル・ホールとなっているところです。この写真によって、皆さんでも、ワシントンと一緒に壇上に並んでいる顕官一人一人を、すぐに誰とはっきり見分けがつけられます。また、ジョージ・ワシントンは、聴衆の前を往《い》ったり来たりしながら就任演説をしています。その頃、この演説や聴衆の模様を静止写真にさえ収めた者は、一人もいませんでした。絵には描かれましたが、実際の写真は存在しませんでした。しかし、今や私たちは、実際の写真を持ち、ジョージ・ワシントンの声までサウンド・トラックに収めてあります。一時は動く写真に仕立て上げたインチキだと皆が言い張ったものですが、今では普通の映写機で見せることができます。

イエスは死を体験していない。「死は克服した」と言明した

次は、イエスの山上の垂訓に着手しました。私たちは、現在では人間イエスが私たちとちっとも変わらなかったことを知っています。私たちの手許には、2万年以上にわたるイエスの家系の完全な歴史がありますが、それは極めて由緒ある家柄で、イエスは非常に影響力を持ったはっきりした性格であったことが判ります。

身長は188㎝で、群衆の間に立てば、あなたがた自身でも、すぐに見分けがつき、「あの方は、いずれは成就する人だろう」と、思わず言うことでしょう。事実、イエスは無上正覚《むじょうしょうがく》を得たのです。歴史は現在それを証明しつつあり、私たちは当時のこのドラマに遡って、当時の関係者の正真正銘の言葉を入手しつつあります。

私たちは、イエスの全生涯に非常に深い関心を持ち、極めて詳細にそれを追跡してみました。それだけでなく、私たちはこの方と数年にわたって直接接触して、よく知っている

のです。従って今では、イエスが未だかつて死の関門をくぐったことがないことを知っています。ナザレのイエス自身は、自分が普通の人間にできる以上のことができるなどとは、決して主張しませんでした。これは間違いない事実です。それだけでなく、イエスは、「死は克服した」のだと、私たちに言明しました。

イエスがただ「座って食事の準備をしなさい」と言っただけで、豊かな食事が現れた

山上の垂訓は、霊的傑作として、今日まで綿々と伝わってきています。現代人は、現在ではなおさらこれを傑作と思い、その上、この垂訓をよく咀嚼《そしゃく》して、自分の生活の中にまで取り入れ始めています。

山上の垂訓を述べた時は、ただ一人の少年が5つのパンと魚を持っているだけで、他には誰一人食べものを持ってきていなかったことを、現在写真でお見せすることができます。山上の垂訓は、たとえ話ではありませんでした。ただのたとえ話であれば、少年やその他

の人々が画面に現れるはずはありません。イエスがただ、「では座って食事の準備をしなさい」と言っただけで、豊かな食事が一同に振舞われたのです。

また、弟子がイエスに、「師よ、パンが要りますのに、収穫までにはまだ4ヶ月もあります」と言う場面もあります。それに対してイエスは、「畑をよく見てごらんなさい。すでに麦は白くなって刈り入れるばかりになっている」と答えたわけですが、事実その通りであったことが、画面に出ています。

これらの画面で、私たちはこれまでの間違いをずいぶん正すことができました。実はこの山上の垂訓の写真で、これがまさしくイエスという人物だと判定するまでには、8年もさまざまな苦心をしました。というのも、私たちはいつも、レオナルド・ダヴィンチの描いた通りの人物を探し求めていたからです。

「できない」という言葉を使う時、私たちは内なるキリストを裏切っている

このことでは、面白い体験談があります。私たちの仲間のうち3人がヴァチカン宮殿で、ある非常に高齢の枢機卿《すうきけい》とお話をしたことがあるのですが、その方が私たちの「山上の垂訓」撮影準備の進捗《しんちょく》状況を訊ねたことがあります。卿は私たちの仕事に関心を寄せていて、卿の名刺をパリのルーヴル美術館に持って行き、ある人に会ってダヴィンチの手紙を見せてくれるように頼めば、非常に得るところが多いだろうと言いました。これは私たちにとっては新しい手掛かりでした。そこで早速パリに出かけました。到着早々ルーヴルに直行すると、極めて丁重な接待を受けました。レオナルド・ダヴィンチの手紙は今でも全部そこにあって、この話を証明することもできます。

私たちはこれまで、イエスの肖像画はダヴィンチが実際に拝顔したそのままのものだろうと、ずっと思い込んでいました。ところが、ダヴィンチは実際にイエスに会ったのではなく、イエスの肖像画を描くために、ある男をモデルとして選び、その男の顔の中にキリ

ストを見たのでした。この男はある女性と婚約中の青年で、恐らくは婚約の愛の故に、その両目には美しい光が湛《たた》えられていたのだと、ダヴィンチは言っています。ダヴィンチはそれをキリストと解釈し、キリストと見立てて、キリストの肖像画を描いたのです。当時は長髪と美髯《びぜん》を風習としたルネッサンスの時代です。私たちはイエスが長髪で髭をたくわえていたかどうかは知りません。あるいは、知っている人が他にいるかもしれませんが、いずれにせよ、ダヴィンチ自身の手でそのように描かれています。

その2年後に、ダヴィンチは裏切り者のユダの絵を描くことに決め、いかにも裏切り者の画像にふさわしい、卑劣な感じのする男を、ほぼ2年間探し廻りました。遂にある朝、彼がパリ市内のゴロツキのたむろする区域を歩いていたところ、ある小さな壁のくぼみに、ボロをまとい、落ちぶれ果てた男を見つけました。ダヴィンチがその男の所へ寄って行き、「私は今までキリストの絵を描いてきたのだが、こんどは裏切り者のユダの絵のポーズをとってくれる男を探しているんだ」と言ったところ、男は顔をあげ、「旦那、そのキリストのモデルになったのはあっしでさぁ」、と答えるではありませんか。

なんと正真正銘、その男だったのです。さらにダヴィンチは手紙の中で、この摩訶《まか》不思議な出来事の経緯、すなわち、もしもこの男が自分の内なるキリスト・神我を裏切ったのでなければ、パリの遊郭街の一隅に彼を見出《みいだ》すはずがない、と書き続けています。ダヴィンチはまた「私たちが『できない』という言葉を使う時、その時に、実は私たちは内なるキリスト『実相、無限の能力者なる神我』を裏切ったのである」とまで言い及んでいます。

自分たちの使用する否定的な言葉はすべて、内なるキリストを否定するものであることを、現在私たちは証明することができます。さて、ダヴィンチ自身としては、実はイエス・キリストの姿を描くという考えはなかったのですが、その青年の顔に「普遍実相のキリスト」を見たのだと言っています。

レオナルド・ダヴィンチは、常に内なるキリストについて語っていた

ところでダヴィンチは、誠に稀有《けう》な人物で、非常に立派な科学論文をたくさん書きながら、結局それは公表されず仕舞いでした。その論文は、ガラス製の檻《おり》のようなものに納ま

っているので、その中に入り、3人の看視人のもとにしか読めないことになっていますが、非常に価値のある論文です。

ダヴィンチは、常に内なるキリストについて語る、極めて特異な人でした。内在のキリストを現し、すべての人々の顔に普遍実相のキリストを見ることが、いかに心躍るものであるかを語っています。

ある日のこと、彼がヴァチカン宮殿の中で絵を描いていた時、脚立の上で眠りこけている彼の姿に枢機卿たちが気付いたので、声をあげて注意したところ、「私は眠っている時が、目を開いている時以上に仕事をしているのです」と、答えたものです。寝ていながら、彼は描きたいと思うものを全部、しかも全く思っていた通りの色彩で夢の中に見て、起き上がっては、見たままを写し出すのでした。

「私が描くものはみな、正確な写しである。私が壁に描くものの波動は、私が感受したものである。私はそれを寝ている間に見た後で、完全にかつ容易に再現することができるのである」と彼は言明しています。

「真理は汝を自由ならしめん」とイエスは断言した

【質疑応答】

Q 過去の出来事を撮影する場合、どういう方法で過去の事件を対象として選ぶのですか?

A 過去の事件は、全部特定の周波数帯の中にあり、人間が口で言うことすべて、声・言葉など、直ちにそれぞれの周波数帯を持って、いつまでも響き続くものです。

Q 大悟徹底《たいごてってい》を得るには、何が最善の道でしょうか?

A 道は我が内にあるのです。自分自身の、より深き内奥を目指して求めることです。この大いなる光は、本来すでにあなたがたのものとして、あなたがたの内にあることを知っていただきたい。必要なのはこのことです、このことがすべてです。

Q スポールディングさんはインドで生まれたのですか?

A そうです、インドで生まれました。私の父もそうです。私は予備校に通い、その後カルカッタ大学に入りました。

Q イエスやその弟子たちや聖書の中の人物たちは、本当に私たちに馴染みの肉体の姿で生きていたのですか?

A ええ、そうです。私たちは過去撮影機で、その方々の生活をいくつも写しています。

Q あなたがお会いになった時、イエスはどんな様子でしたか?

A イエスは身長が188cmあります。もしイエスが今晩、このグループの中に混じっているとしても、その神格、最高度に完成した方であることは、あなたがたにも見分けがつくはずです。

イエス御自身は、すべての人々を、すべての完全なるものを達成する力を本来備えていると見ましたし、また、今に至るまで常にそう見ています。

イエスはかつての如《ごと》く、今もなお、常に存在しています。私たちはちょうどあなたがたを撮るようにして、イエスを撮りました。イエスがルーサー・バーバンクやノーウッド博士その他数名の人々と共に、腕を組んで歩いている写真を私たちは持っています。

Q 私たちが大師方と同じ生き方をするようになれば、人間の心を悩ます諸々《もろもろ》の大きな問題は、完全に克服できるでしょうか？

A できます。「真理は汝《なんじ》を自由ならしめん」とイエスは断言しました。

Q 人間は神ではない、という考えは、どうしたら払拭《ふっしょく》できるでしょうか？

A 否定的な物の言い方を拒否することです。「我神なり」という断定が、その反対の否定的発想から、あなたがたを解放してくれます。非真理よりは、真理を述べる方がよいのです。

Q 「我神なり」と言っておきながら、神と一体であることを、現実に受け容れることができなければ、それは一種の妄信ではないでしょうか?

A もし、全くの妄信からそう言うのであれば、その人はすでに神から分離しているのであって、結局はゴールに到達することはないでしょう。そういう場合は、まず「私は……をすることができる」と言い、さらに進んで「私は……である」と言う方がずっとよいです。もし、私にはできないという態度を受け容れてしまうなら、すでにあなたは自分が神から離れていることを容認したことになります。

Q もし人間が神であって、その神は霊なのであれば、肉体は一体どこから発生したのですか?

A それは、人間の心の中に発生した催眠術的効果のためです。人間自身が物質的なものを生じさせたのです。いずれは死すべきものとなっているこの体は、催眠術にかかった体であって、その状態から覚醒してみれば、それは悪夢のようなものであって、再び夢を見るようなことは、もはやあり得ません。

第2章

あなた自身がいと高き力、いと高き英智である

神という言葉は、１秒間に１兆８６００億回も振動する

皆さん、今度は60年以上にわたる私たちの研究で実証されていることを、取り上げてみることにしましょう。

この全宇宙内のすべての機能、すべてのものは、神に端を発するのであり、それを証明する科学的な証拠も、現在出ています。この神性なるものを何と呼ぼうと、それはその人の勝手ですが、中でも最大のものは、神という言葉でしょう。

それはなぜでしょうか？　この神という言葉は、1秒間に1兆8600億回もの割合で振動します。それは皆さんにお目にかけることもできますし、また、そういう風に発声できる人々も、私たちは知っています。しかし一番素晴らしいのは、この振動を実現したその瞬間に、その人自身がその振動そのものになるということです。

この神性なるものは、およそ形態を備えているものすべての中に、すでに確固として実在しているのです。ただ、あなたの形態［肉体］とか、誰それさんの形態［肉体］とかいうだけではなく、ありとあらゆる形あるものの中に在るのです。この神性なるものがなければ、私たちは写真一枚だって撮れっこありません。この神性なるものがなければ、今日この室内で今撮ろうとする対象物は、一つとして存在し得ません。

これについては、絶対確実な証拠もきちんとあります。それなのに、なぜ皆さんは「私は神性ではない」などと言うのですか？「ではない」という言葉など取り去ってしまうのです。その上で、その結果を前と比べてごらんなさい。「私は神性である」。その通り、それが自分自身についての真理なのです。非真理とはすなわち、「私は神性ではない」ということ。真理は「私は神性である」ということ。この言い方を完結するのです。すなわち、そこからさらに前進して、こう言うのです。「私は神である」と。

私たちは、今や確実に、身をもって知っているからこそ、そう言うのです。

自分の神性を悟った瞬間に、特定の周波数に整合する

なるほど、皆さんは今までにもそれを聞いたことはあるでしょう。しかし、私以外の他の人がそんなことを言うと、皆さんは少々眉に唾をつけて受け取るか、または、「あの男は何も判っていないんだ」と、軽くいなしたはずです。しかし、私たちはそれが真理であることを、写真と強化増幅実験を通して、身をもって知っています。従って、私たちは、どんな人でも連れてきて、強化増幅仕掛をしたこのカメラの前に座ってもらい、その都度、その人の神性なるものをはっきりと表すことができます。

私たちの肉体は、初めは単一の細胞から始まり、やがて増殖して今の肉体になりました。この光は決して消えないことを、強化増幅によって、お見せすることができます。この光は、肉体が造られていくにつれて、一つの細胞から他の細胞へと伝えられていき、あなたがたがそれについてどう思おうと、また何と言おうと、全くその影響を受けることなく、一定の波動周波を持ち、かつその周波以外に出ることは決してありません。

現在その証拠もちゃんと出ています。早い話が、私たちの肉体で最も素晴らしいものの一つである目も変化します。目の桿状体《かんじょうたい》（rods）、円錐体《えんすいたい》（cones）、それに網膜も変わり、神性を受け容れ、自分の神性を悟った瞬間に、私たちの目は、悟りと今述べた特定の周波数に整合するようになります。視力を損なったことのない人々なら、自分の神性を容認すると、ほとんどその瞬間にそれが判るようになることは、皆さんにお目にかけることもできます。

人類は今まで「神を外に求める」という最大の過ちを犯している

神性なるものとは、すべてのもの、すべての形あるものに宿る神のことです。**キリストとは、この内なる神性を実現する力のことです。**してみれば、すべての人々の姿形やすべての形態の中に、キリストがうかがえる道理です。このことが実は、イエスの最初の宣教の一つだったのです。私たちは研究の途上で、このことを発見しました。「私はすべての人、すべての形あるものにキリストを見る。初めて地上に人の子が生まれた時が、キリストの生まれた時である」のです。

それが、征服者・キリストです。征服する者、すべての主です。主でない者は今日では一人もいません。主という言葉を口にすると、すぐ人々は自分を措《お》いて、外に主を探し始めるものですが、自分の外に主を求めた瞬間、私たちは、我が内にこそ主が在ることを忘れ去ってしまっているのです。**人類は、今日まで神を外に求めること、あるいは神を外に見ようとすることによって、最大の過ちを犯してきています。**

なぜでしょう。それは、まさに我が内にあるものを、外に探し求めることだからです。自分自らが神であると明言すれば、その都度、あなたはまさしく神になっているのです。もしあなたがたが、例の強化増幅装置の前に立って、「神」という言葉を発するならば、あなたがたの肉体は、この言葉を発する前の波長に二度と再び戻らないことを実証することができます。

私たちが神という言葉を積極的に使うなら、肉体はどんな反応を示すのか？

もう一つ、神という言葉が心を込めて用いられている本があれば、その言葉の故に、その本には一層の輝きが出ることもお見せできます。私たちは、神という言葉を、1秒間に1兆8600億回振動するように発声し得る人物を3人知っていますが、その方々にこの地球上でグリニッジから最も遠い経度180度の地点に行ってもらい、この装置を調整しておいて、ある決まった時間に、彼らの発声した波動を記録するようにしておきました。この波動が入って来た途端に、指針は1兆8600億の周波数を示したのです。

今度は、ロンドン博物館にある最古の聖書をこの装置にかけておいてから、ゆっくりと聖書を外して、神という言葉の使われていないある本と入れ替えたところ、指針は元に戻ってしまいました。その次には、神という言葉が3回だけ使われている本を取り上げてやってみたら、すぐにそれなりの反応がありました。ただ1回の言葉でも、波動の反応が出るのです。無生物でさえそうであるならば、私たち人間が神という言葉を積極的に使い、また受け容れるならば、私たちの肉体は一体どんな反応を示すでしょうか?

この3人の方々に、神という言葉を、1秒間1兆8600億回もの振動数で発声してもらうと、フィルムに現れるグラフは、9mにわたりますが、同じ方々に「エホバ」と発声してもらった時に、同じフィルムでのグラフは、わずか15㎝にとどまりました。これは一体なぜでしょうか? あなたがたがよく理解し、信じ、かつ知りながら、神という言葉を発声するならば、およそ現在までに知られている最大の波動が出て、この波動の反響によって質料が集合し、そこへ何らかの想念を発した瞬間、この質料はあなたがたのものとなるのです。

事実、正しい順序通りにやれば、離そうとしても、それはあなたがたから離れるものではありません。それは、皆のものです。そのもたらす善果は、皆が利用できるのです。この波動を出せば、それは今すぐここに何らかの形で現実化します。

あらゆる草・花・種子・樹木の成長は、神性によって促される

今取り組んでいる、ある極めて明確な原理があります。それはすなわち万有神性の原理です。過去の事件を撮影する私たちのカメラがそれを証明しました。

あらゆる草の葉・樹木・花・種子等は本来神性であって、もしこの神性がなければ、種子も樹木も伸びることはありません。この種子の胚芽の中に、後で生え出る形のものと全く同じ形が秘められているのを、私たちは写真で、いつでもはっきりとお見せできます。それと同様に、私たちの中にも万能の胚種が当然ある以上、なぜ私たちは判らないなどと言い散らすのでしょうか。「判る」と言う方が、ずっとよいに決まっているではありませんか。そうです、本当は判っているのです。この理解・悟得は、実にあなたがた自身の中にすでにあるのです。

あなたがたは、すべて大師なのです。外部の見せかけを取り払い、自らが師なりと容認

することによって、あなたがたは、内なるもの、すなわち完全なる神性を我がものとするのです。大師方について、ものを書いたりする人々、何処《どこ》に行けば大師方に会えるかとか、大師方に会うにはどうしたらよいかなどと尋ねる人々が多いものですが、大師に会ってみたいなどと思って、自分自らの実相の世界から一歩踏み出した瞬間、その人は実は我が内なる大師を見失ってしまっているのです。この事実を認め、これに気づいた時、あなた方は大師と共にあり、また大師方すべてと共にあるのです。

言葉を口にした時初めてエネルギーが与えられる

さて、誰かに「私は神ではない」(I am not God) と言ってもらうことにしましょう。そこで少々待ってもらって、その「ではない」(not) を取り除いてもらいます。「ではない」は否定詞であって、波動としては、何の周波数も持ちません。ただその言葉を口にした時、初めてそれにエネルギーが与えられて生きるのであって、言葉として発声することを拒否した途端に、その言葉はエネルギーを失ってしまうのです。

この事実を示すことのできるカメラが現在存在します。実際にそのカメラの前に誰かに坐ってもらって、何かあることを述べてもらうのですが、実際にはその内容を一言も発しないで、ただ心の中で考えてもらうのです。するとそれがフィルムにグラフとして現れ、そのグラフから、私たちはその人の考えていることが、正確に当てられます。今度は、試しに否定詞を使って何かある態度を決めてもらいます。すると、その否定詞のところに来ると、フィルムの上には、何のグラフも現れません。結局、記録として現れてこないのです。

人間の周波数もカメラに写る

このカメラはまた、人体の大きな周波数も示すようになっています。もし周波数が出なければ写りもしないわけで、従ってもし催眠術がかけられるならば、かかった人からは周波数が出ないので、この特殊カメラには写らないはずです。私たちはインドの術者の写真を400～500枚以上も撮りましたが、催眠術を使っている場合は、カメラには全く写っていません。この数百枚にのぼる写真の中でも極めて目立つ事例が二、三あります。例えば、私たちがインドにいた時、ある日、出先から寄宿先に帰ったところ、ちょうど門の中にある男が立っていました。

その男が地面の中にオレンジの種子を植えて、小さいケープをその上にかけると、種子がスクスクと伸び、ケープを取りのけると、オレンジの木が見る見る伸び上がり、40分後には、一見、枝も蕾《つぼみ》も花も葉もあるちゃんとした一本の木に生長していて、そのうち熟したオレンジの果実までがなっているのです。すかさず私たちは、それを写真に撮りました。

私たちのグループは、カメラを12台所持していました。実は私たちはその時すっかりペテンにかかっていたのですが、そうとは知らずに、前へ寄ってオレンジの実をもぎ取ろうとしたところ、なんとオレンジの木自体がなくなっているではありませんか。そのうち仲間の者が、この時写したフィルムの中から2巻だけ現像することにして、それができ上がって届くまで、私はこの若い行者と話のやりとりを引き伸ばしていました。届いたフィルムを1巻彼の前で拡げて見せてから、私はこう言いました。「どうだね、君は僕等をだましてくれたが、このカメラはだませなかったね」。彼もこれには戸惑って、「皆さん、明日また来てください。そうすれば、もう一度やってお目にかけます」と言うので、翌日11時に再会することにしました。

その翌日、約束の時間に皆の顔が揃いましたが、前もって私たちはカメラを交換しておきました。若い行者は、今度は私たちが今までに会ったことのないある男を連れてきています。この新顔の男は、ツカツカと前へ出ると、おもむろに種子を地面に蒔《ま》きました。その間、私たちはずっとこの情景を写真に写しています。やがて前回と全く同じように、木が伸び出てきました。私たちはみな、確かにそれをこの目で見ています。しかし、前日にひどくだまされたので、今度はオレンジをもぎ取ろうなどとはしません。ところが、おしまいに隊長が一同に、「このままでは仕様がない。これが気の迷いかどうか、一つ実際に試してみようじゃないか」と言うと、前へ出て行って、オレンジを一つもぎ取って食べたものだから、我も我もと皆がそれに倣いました。その木は今でもそこに生えていて、オレンジを実らせています。

暗示の術／催眠術にかけられると周波数が出ない

ところで、事の真相はこうです。例の若い行者は、この高齢の師匠の弟子なのでした。私たちがこの師匠に前日のいきさつを話すと、師匠は怒って彼を破門してしまいました。師匠が私たちに話してくれたところでは、師匠は、自分の弟子たちに12種もある催眠術を全部教えるそうですが、教える理由は、「現象は本来実在ではなく、従って現象には完全なるものはない。しかしすべての現象を放下し実相を悟れば、その時こそ、私たちの成すこと、することが、ことごとく成就する」ということを、実証するためであるというのです。

結局それは、暗示の術、もしくは暗示の法則に当てはまるわけで、そのことを私たちはインドで学んだわけです。その一例をもう一つ挙げると、一人の男が一本の綱を片手に持って出て来ます。物見高い連中が周囲に寄ってくると、彼はその綱を空中高く投げつけておき、人垣の中から一人の少年を呼び出して綱に上らせます。少年はてっぺんまで上ると、そこで姿を消してしまいます。これで準備は整いました。次にその男は、彼の数日分の生活の糧となる金を観客から集めるわけです。私たちは、このスタイルの見せ物を500例も写真に撮りましたが、結局フィルムの上には、見物人の前に立っている男の他には何も写っていません。これが暗示力というものです。暗示力が強力に働いているために、人はそこに呆然《ぼうぜん》と突っ立ったまま、信じ込んでしまうのです。

「選ばれた人」など存在しない。すべての人が特権を持っている

この老師匠は、今では私たちと一緒にインド中を協力して働いてくれています。現在私たちは、トウモロコシの種子を一粒地面に植えてから土壌を機械で刺激すると、7分後にはもう完熟して、2本の穂まで出せるようになっています。ところが老師匠の場合は、しゃがんで一粒の種子を地面に植えたかと思うと、立ち上がるまでには、もうそれが伸びているのです。彼の場合には、何ら機械的な仕掛は使いません。要するに彼は、「知っている」のです。

私たちにも、それができることを最もよく示してくれている実例が他にもあります。かくの如きを可能ならしめる英智は、本来皆のものなのです。誰かにそういうことができるということは、皆にも同じ特権があるということなのです。特に選ばれた人というのはいません。各人が自分自身の中に、その能力を持っているのです。複雑なものなんて実際はありません。事は極めて単純であって、特別の学習も必要としません。

ただ、本来はそういうことが誰にでもできるということこの真理を受け容れれば、それがどんなに有利であるかということを知るか、気付かせるかして、さらにそれが実相の世界においてすでに実現していることに感謝するところまで導いてあげるだけです。

この力は、すべての事物、私たちの日常生活、私たちの使うお金に関しても存在して働いています。何人《なんびと》も貧乏する必要はありません。事実、欠乏というものは本来ないのです。ただ、私たちの表し方にしくじりがあるだけであって、それを私たちは、「欠乏」と言っているのです。では一歩進んで、この「しくじり」も放下しましょう。しくじりなんて本来存在しないのですから。

3000年前の言語には、否定的な言葉は何一つ存在していなかった

多くの医学者たちは、「将来の人間は、今よりも100年は長生きする」と言っていますが、年齢なんて、実は単なる意識の状態であって、老齢という意識を捨ててしまえば、何時《いつ》までも生きていけるのです。私たちの方で、「ああ一年たってしまった」と言わないかぎり、一年くらい私たちの想念構造の中では、別にどうということもありません。ところが、「一年たってしまった」と言った途端に、一年分だけ年寄りになってしまうのであって、そのようなことをせずに、その一年を「より大いなる完成の年、より大いなる完成と偉業の年」と考えるようにすれば、全くその通りになるものです。

すべての人の姿形、すべての形あるものに神性を見ることこそ、私たちの成し得る最も偉大な行為です。すべての人の中にキリスト、あるいは神の子を見ることこそ、人間の最大の特権であり、それはそのまま内なる神を知る無限の力を意味するのです。

以上述べたことは、今でもそれを証明することができます。こういう話を皆さんが聞いて、ただ「そんなものかなあ」と思うだけで終ってもらいたくはありません。皆さんが、老齢とか、ままならないとか、その他すべての否定的な考え方を棄《す》て、自分の生活において、そのような否定的な考え方をしたり、否定的な言葉を使ったりすることを拒否してしまえば、なるほどと納得のいくことが出てくるのです。私たちは、3000年ほど前に使用されていた言語には、何一つ否定的な言葉が存在しなかったことを、歴史的に知っています。その言葉はさらにまた、過去20万年以上にわたって遡れるのです。

破壊は私たち自身が、我と我が身にもたらすもの。私たちの発する想念が可能にする

【質疑応答】

Q 「神」という言葉は、無声で発音しても、有声の時と同じパワーがありますか？

A 全く同じです。事実、多くの人々にとっては、心の中で神を考えた方が、それを口にする時よりも強力です。

Q 真我《しんが》顕現のために、この内在の大いなる力を発動させるには、どうすればいいでしょうか？

A その力が自分のものであることを、ただ知りさえすればよいのです。**あなた自身がいと高き力なのです。あなた自身がいと高き英智であって、そのことを容認した瞬間に、あなたはエネルギーを解放し、いかなる制約にも束縛されないことを実証するのです。**

Q いったん、地球上に大破壊が起きた後でなければ、世界の平和は実現しないのでしょうか？

A 破壊は私たち自身が、我と我が身にもたらすものです。それは私たちの発する想念が可能にするのです。私たち皆が「破壊」という言葉を使用するのを拒否した場合を考えてごらんなさい。一体そこには「破壊」らしきものがあり得るでしょうか？

Q 偉大なる大師方が持っている智識を世界中に広める上で、妨げになっているのは一体何でしょうか？

A それはお互いの態度です。その他に邪魔しているものはありません。お互いが、本質的には大師方と同じであり、また過去からこれまで、常に同じであったことを容認し、知った瞬間には、もうそれを知らなかった先の状態に戻りようがありません。故にお互い自身の他には、何人も邪魔し得るものはいないのです。

Q 催眠術が人間の意思を隷従させるのであれば、それは法則を破っているのですか？

A 催眠術を人体や人間の頭脳に用いると、非常に有害であると一般的に認められています。

第3章

神聖なる善エネルギー

なぜいたずらに神を外に求め続けるのか？

一体全体、神というものが実際に存在するのか——他のどんな質問よりも、この質問を私たちは一番多く受けてきました。

この問題に対して、科学は最近では非常に多くの注意と考慮を払ってきており、またこの線に沿って、事実素晴らしい研究がなされつつあります。だいたいこの面の研究は、一群の医学者たちの示唆によるものであって、この数年間で相当の進捗を見ています。

人間の経験することには、すべてその背後に、「ある大きな原理が存在する」とされています。これは実に偉大なる断定であり、こういう断定が下された時代が何時であるかを知るために遡って調べてみても、遥かなる過去に属するので、その系譜はすべて失われています。しかし、このような断定はいかなる時代にも常に存在してきましたし、また今でも存在しています。さらに、何物をもってしても、この原理を絶対的法則と秩序から除き去り得るものではないことを、私たちは理解するようになりつつあります。

人類が今日まで訊ねてき、また今なお訊ねつつある問いは、「神は存在するか」です。従来の伝統的見地からいえば、人間の父と称される神聖なる存在、すなわち神なるものが実在することが、信仰の上に立って受け容れられます。このようにして、人類の大部分は擁護されているのです。しかし、彼らは信仰に基づいて信じるだけでは全く満足せず、次のように訊ねます――「神が存在することに対して、もはや反駁《はんばく》の余地もないほどの証拠はないだろうか」と。

この問題を研究して、それに対する答え、合理を好む精神を満足させる答えを見出すのが、科学の仕事でした。

最近になって、科学研究の結果、宇宙エネルギーとも言われる宇宙力が存在することが発見されました。これは、全宇宙に遍満《へんまん》して無限の空間を満たしている原始エネルギーです。実は先ほどふれた原理の一つの顕現であって、このエネルギーは原子爆弾よりも強大であることが、現在つきとめられています。このエネルギーはすべての空間、すべての状態、すべてのものにあまねく放射されていて、ただ一人の人間や一個のグループにのみ与えられるのではなく、すべてのすべてであり、すべての人のものです。ですからそれは、私たちが知ると知らざるとにかかわらず、すべての人々に働きかけているのであって、それを自覚するしないは何ら問題ではありません。

それはまた、書物の下や暗所にかくれているのでもなく、存在せざるところなきまでに遍在し、ありとあらゆるものに行きわたっています。それは、私たちが生きて動き、私たちの本質となっている物質であり、原理そのものです。この原理そのもの、すなわち各人の中にある神性がなければ、このグループの写真一枚だって、私たちは撮ることはできなかったでしょう。このことは、経験が証明しています。この神性原理は、すべてのもの、すべての生活方法と経験に内在し、浸透しています。久遠《くおん》常在にして、すべてを包容するのが、この神性力、この神性エネルギーです。

私たちはこのことを、写真撮影によって証明しました。なぜなら、この神性エネルギーがなければ、いかなる写真も撮れないからです。フィルムの上に感光している像は、被写体である物体、または人間から放射している波動にすぎません。この事実が、各々形あるものの中に実在する神的存在「波動を放射している主体」の証拠です。もしこの神的存在を外部に求めるならば、失敗するのが落ちです。なぜなら、自分の手や足のように身近にあり、また我が心臓のように近く、否、実に我が内にあるものを外に求めることだからです。断固として我が内に求めて行けば、あらゆる面に神を見出すのです。それにもかかわらず、なぜいたずらに神を外に求めては、時間を空費するのでしょうか。

弟子の準備ができた時、師は現れる

大師方、すなわち先輩である同胞たちの場合についても、事情は同じです。大師方は実にここ、すなわち、各人の外形の奥に在ります。私たち自身の心臓のように、身近にいるのです。大師方に会うのに、何もインドまで、いやどこにしろ、外国まで行く必要はありません。今自分のいる所、そこで対面することができるのです。「弟子の準備ができた時、師は現れ給《たま》う」のです。

遥かなる過去、ある偉大なる文明が出現し、挙げて数えることもできない長い時代にわたって発生し、顕現した幾多の原理や神の属性で、巨大なる貯蔵庫とでもいうべきものが造り上げられました。このすべての善きものの貯蔵庫は、いかなる種類の否定的状態も、これを侵すことのできなかった事実が、現在よく知られています。

神性なる善エネルギーと至純《しじゅん》なるものの、強大なる貯蔵庫、もしくは推進力は、あらゆる時代を通じて実在しており、私たちがこの脈動する偉大な原理について思いを致した瞬間、それが同時に私たち自身の中にも実在していることに気付くのです。この善の巨大なる貯蔵庫は、いつでも私たちの活用を待っているのであって、私たちはただ、それに波調を合わせ、それと一体になればよいのです。

このエネルギーは、現在「神」という名で呼ばれており、「神」とは現在知られている最大の波動を感受する言葉です。私たちがこの言葉を正しい意味で使用するならば（もっとも、他の意味で用いられたら何の影響力も持たないのですが）、私たちはあらゆるものの本質とあらゆる法則と秩序に働きかけていることになります。

そして、正しい形式に従って言葉に出したものは、すでに実相において自分のものとなっているのです。まさにイエスが言ったように、「あなたが求める前に私は与え、あなたがまだ語っているのに、私は聞き終った」のです。正確な順序と形式に従って正しい言葉を発すれば、その瞬間、発したものが自分のものとなるのです。この真理をよく考えることです。発した言葉が実相の世界に現れるまでには、時間・空間は介在しません。

善エネルギーと推進力の貯蔵庫につながって、自己の欲求を満たし、完全なるものを表す

完全なるものは決して創造されたのではないということは、今日ではよく知られています。それは、昔も今も、常に存在するのです。もし、私たちが自分の表現によって、完全なるものを創造するのだと考えるならば、それは完全な誤りです。なぜなら、完全なるものは、すでに実相の世界において造られてあり、今ここに現存するからです。従って、正

しい言葉を使い、正しい想念、正しい行為をなすことによって初めて口から出る言葉が、偉大なる波動〈神の波動〉の力に達することができるのです。**まず想念を正し、然る後に言葉を出すことです。**私たちの聖書に、「初めに言葉ありき、言葉は神とともに在り、しかして言葉は神なりき」とあります。

私たちが、すべての否定的な想念・感情・言葉・行為を棄て去ることを学ぶ時、既述したエネルギーが、体内に保存されるようになります。一言でも否定的な言葉を発した瞬間、神の純粋にして完全なるエネルギーを浪費したことになるのです。故に、私たちが思念・感情・話し方・行為などを、積極的に建設的にするように自己訓練すればするほど、私たちはこの強力なエネルギーをより多く発生して自己の要求を満たし、完全なるものを表すようになります。

常に最高のもの、最も気高きもの、最も純粋なるものを思念すること

イエスの言葉は、すべて今、ここに顕現しています。イエスの世界においては、未来は

なく、すべてが今なのです。**初めて言葉ができた頃には、未来を表す言葉も、過去に相当する言葉もありませんでした。その語彙《ごい》は、すべて今・ここを表すものばかりです。**同様にして、私たちが積極的・建設的に発する言葉は、すべてアカシックレコードに記録されて、決して消滅するものではないことが、現在判っています。

「我、神なり」という極めて明確なる言明こそ、人類を進化させる決定的要素の一つであり、この理想によって、初めて私たちは進歩するのです。このことは、各人が自力で証明するでしょう。何かを成就するのは、決まって何かある理想を掲げ、しかもそのヴィジョンに常に忠実である人であって、そのような人はたいてい、いつの間にか成功しているのです。

崇拝とは、拝むだけで自分は何もせず、あるいは神に頼んだら自分は何もしなくても神がやってくれるという、単なる怠惰な行為ではありません。理想を実現するには、まず努力をすることが必要です。完全に描きつづけてきた理念は、具体化しなければなりません。実をいうと、**想念自体が事物を引き寄せて具現化するのです。**ヴィジョンが明確に打ち出されると、その実現に必要な事物があらゆるものの本源から呼び出されて、それが全部凝結して具体的現実となるわけです。従って、明確に打ち出したヴィジョンが具象化に先行するのです。一時に一つの状態にのみ集中することが大切です。自分の思念をやたらに散らしてはいけません。

初めに考えたことが実現するまでは、他のことを考えてさえいけません。一つの行為が完結したら、そのことはすっかり放念して、次の行為に移ることです。

これが、イエスの到達した決定的な悟りでした。「汝らは神なり、いと高きものの子らなり」。これが人間存在の事実について、イエスの持っていた思想でした。

常に最高のもの、常に最も気高きもの、常に最も純粋なるもの、常に光のみを思念することです。生命とエネルギーを限定するようなことは、決して考えないことです。決して失敗はしません。故に決して疑ってはなりません。常に自己の想念を規正して、一定の目的を把持しつづけること。このようなヴィジョンを持ちつづけることこそが、人類をして恐怖や思念の不調和から超越させ、常に高い悟りの水準にとどめ、より大いなる効用をもたらさせるのです。

エネルギーの交換／私たちが力を出すのを控えた瞬間に停滞が始まる

私たちの惑星宇宙もまた、このようにして進行するのです。すべての惑星システムの中の太陽群は、こういう風にして自己顕現をしています。すなわちエネルギーを自分に引き寄せては、より大いなるエネルギーを放出しているのです。もし私たちの太陽が単なる巨大な石炭の塊であれば、何時かは燃え尽きてしまうでしょう。しかし、実際にはそうではなく、数億年も続いています。それは、力とエネルギーを自分に引き寄せ、他の惑星や私たちの地球にそれを利用させているからです。この事実によって、人間もエネルギーの交換ということを学び取らねばなりません。

私たちが力を出すのを控えた瞬間に、停滞が始まります。しかし自己の持っているものを放出するならば、常に新しいものが流れ入ってきて、その空隙《くうげき》を埋めてくれます。エネルギーは、正しい方向に正しい方法で使用しさえすれば、無尽蔵なのです。これが、私たちの肉体が更新する理由です。このエネルギーがもし私たちの外にあるのであれば、それはまた私たちの中にもあるはずです。

あらゆる存在の真理は、始まることなく、終わることもなき霊の中に常にある

もし、神が外にのみあるのであれば、私たちはその神を中に入れることはできないわけで、その場合、私たちに必要なのは、自分自身をこの神の力の出入口とすることだけです。この神の力は、絶えず脈々として鼓動し、涸渇《こかつ》することはあり得ません。人間、本来不死であるというのも、その真髄はここにあるのです。

それだけでなく、すべての想念・行為・言葉は消滅することなく、永続するものであり、また凝結力があるものであって、人間はこれから免れることはできません。人間が発動し、放出した想念・言葉・行為が、すでに常在しているものを実現させて、完結するのです。あらゆる存在の真理は、始まることなく、終ることもなき霊の中に常にあるのです。

人間はいつも、何かの始まりについてはよく訊ねるものですが、初めのないものを考えることは容易なことではありません。人間に関する限り、人間は意識のある存在、個々別々の存在として始まりました。その前は霊であったのです。私たちはこの本来の霊の状態にいずれは達するのです。科学と宗教について、従来の因襲にとらわれることなく、新しい姿勢をとるようになれば、これまで、いろいろと宗教や科学によって約束されてきた、より善いものを実現できるようになるでしょう。私たちが魂の目を開いてそれを容認するならば、そのより善きものは、実はすでに今、ここにあるのです。

神は、決して人間の形をしているのではありません。**神は全宇宙のすべての形あるもの、すべての原子に充満している至高の叡智《えいち》です。この至高の叡智が、自分の形体の中に集中しているのだとあなたが悟った時、あなたはその叡智となったのであり、さらにまた、この力が自分を通して働くのだと完全に認めた時、あなたはその力となるのです。**人間一人ひとりにその力となる能力があります。これが、実は各人の生まれた所の神国という故郷であり、すべての人がこのことを判り、かつ知った時、すべての人は神の国の者となるのです。

「無い、足りない」という迷妄を消し去れば、欠乏など起こりようがない

【質疑応答】

Q 第一法則とは何ですか？

A 第一法則とは「私はそれである」（I Am）です。これは失われた言葉です。しかし、人々はこの言葉を理解し始めています。「神、私はそれである」（God I Am）なのです。

Q その「私はそれである」（I Am）について、大師方があなたに教えられたことを、もっと知りたいものです。

A 「私はそれである」（I Am）は、言語の中で二番目の言葉です。それは自分が神であることを完全に認めることを意味します。すなわち、「神、私はそれである」（God I Am）なのです。神（God）という言葉は、最高の振動を有するが故に、一番目に来ます。そして、自らが神であることを認める言葉、「私はそれである」（I Am）が、

その後に続くのです。

Q 聖霊とは何ですか?

A 聖霊とは、あらゆる形あるものの内にあって完全な働きをなす、I Am であるところの霊全体を指します。

Q どうすれば内在のキリストが出せますか?

A 一人ひとりの中にキリストが生まれなければなりません。イエスがその範を示されました。我が内にあるものに注意を向け、それに集中することによって出ます。キリストは我が内にあるのです。

Q あなたが著書で描かれた大師方に肉体離脱ができるというのに、それを知っている人々が非常に少いのはどういうわけでしょうか?

A 人々が信じないからです。大師方は肉体離脱をするのではありません。判り易《やす》くするために肉体離脱というのですが、本当は、大師方は肉体を自分の魂と共に連れ去るのです。

Q 聖《サン》ジェルマンに接触したことがありますか?

A 私たちは聖ジェルマンも、彼の一生涯についても知っています。偉大なる生涯でした。聖ジェルマンが仮にも死の関門を経たと思う者は一人もいません。それに関連して、私は義弟と共にある面白い体験をしました。

義弟はアメリカで政府のある大きな工事に従事していましたが、その後それを辞めると、パリから彼に招聘《しょうへい》の電報がきました。パリ当局はパリ市の背後にある大きな沼沢地を干拓して肥沃《ひよく》な農地にすることを計画中だったのです。

ところがその工事を進めている内に、セーヌ河が聖ジェルマンの墓を浸食し出したので、墓を移転する羽目になりました。そこで義弟はこの機会に、聖ジェルマンの棺を開けて遺骸を見ることもできるのではないかと思い、私に電報を打って渡仏を勧めてくれました。私はそれに応じました。

さて、現地に着いて棺を開けてみると、中には何と犬の大腿骨があるだけだったのです。それにもかかわらず、それまでこの場所では、次々と数千の霊癒《れいゆ》が起きていたのです。一体これはどうしたことでしょうか。実は、そこに来る人々は、みな聖ジェルマンの成し遂げた偉大なる業のことばかり考えて、それに一心集中していたため、自分たちの病患は跡形もなく消え、完全円満な本来相が実現していたのです。これは、その他の礼拝所に集まってくるほとんどすべての人々にも当てはまることです。

Q 神からの権利によって、本来私たちのものとなっているものを何か欲しいと思う時、それを要求するのは正しいことでしょうか？

A 神からの権利によって、本来あなたがたのものであるものが何かあるならば、ことさらにそれを要求する必要はありません。「無い、足りない」という迷妄を私たちが容認するならば、私たちの欲する善きものは打ち消されてしまいます。**あなたがたの内なる神性を表しさえすれば、使用したいものは、何でもちゃんと手許にあるのに気付くものです。**

これが悟れれば、ことさらに善いこと、善いものを言葉にしなくても、すでに成就していることを知るようになります。欠乏など起こりようがないのです。

第4章

久遠の生命／神性は世代から世代へと、数十億年も伝わってきた

植物は特定の周波数を出して、成長に必要なエネルギーを引き寄せている

神から特に選ばれ、神の像を吹き込まれたアメーバの出現以来、神のイメージは決して変わるものではありません。このイメージは常に理想的な完全な形態のままであり、それが不変のまま、次々と全身の中で創造されていく新しい細胞に一つずつ伝えられていきます。こうして、全人類の肉体のすべての細胞は、至高なる英智者の完全なイメージを持つだけでなく、実にこのようなイメージそのものでもあります。

このようにして人間、あるいは人類は、神性にして至高の英智そのものであり、さらにまた、それは神であり、征服者キリスト、神人、三位の完全なる一体化の結実です。このことに対して、私たちはもはや反駁《はんばく》の余地もないまでに歴然たる証拠を持っています。またことに、すべての種子にはやがて生まれ出ずる形質のイメージが精確に内蔵されているのです。

ここで静かに座し、アメーバが増殖しながら人体だけでなく、あらゆる樹木、草の葉、花、結晶、岩石、砂粒に至るまで、その完全なるイメージを再生産してこれを送り出し、その形態を成形する細胞一つひとつにこれを伝え、誤りなくこれを植えつける力を、特殊なカメラで直接観察してみることにしましょう。

実際、結晶をくわしく観察することによって、岩石の構造の種類がすぐに分類されるものです。あらゆる鉱物や砂の場合でもそうです。このような結晶の仕方がその特定の鉱物全体に対する関係、かつまた人類に対する関係と経済的価値を知る基礎になります。

ところで、話を今開発中の高増幅速写装置に戻すことにしましょう。一番小さな種子でも、その発芽細胞を高増幅装置の下で撮影してみると、それがやがては誤ることなく造り出し、成り出ずる形態を精確に宿しており、かつまたその誕生・発育の全過程を通じて、ある周波数の波動を出していることが判ります。実はこの波動を出すことによって、成熟に必要なエネルギーを自分に引き寄せているのです。この周波数は、質料を蓄積あるいはそれ自身に引き寄せる、神の言わば生命素であって、木や花、すべての植物はもちろん、すべての鉱物や金属質にまで生命を与えるだけでなく、その質料の生命そのものでもあるのです。

「完全なるもの」から放射される波動を活用すれば、ますます豊かになれる

私たちは、今では誰はばかることなく、すべての質料には生命があり、その生命は質料全体に表現されている、と言うことができます。神のこの完全なるプランには、人間の想念がこれを高めるか堕《お と》すかしない限り、変わりようがありません。人間はこれらの「完全なるもの」から放射されている波動を活用して、その創造する力を益々大いなるものにし、かつまた、いよいよ豊かに完全にすることができるのです。

もう一度、原始細胞、すなわちアメーバのことに戻りましょう。この細胞は、植物や鉱物の細胞とは全く異なっていて、その振動数も鉱物や動物のそれなどとは比較にならないくらい、極めて大きなものです。アメーバは、この振動数によってエネルギーや物質を自らに引き寄せ、新しい細胞へと成長し、この細胞が最終的には人間の体を構築します。そ

の振動数が、新たに形成されるすべての細胞に、原初の完全なる神の体を伝えているのです。

人間が神の理念に協力し、我の思いや言葉、行いでその働きに干渉さえしなければ、人間の体は理想的に完全であるはずのことが、この一事でもはっきり判ります。故に、この協力がなされるなら、人体は純粋で完全な神体と言い得るのです。

単細胞であるアメーバから放射される神のエネルギーと「智慧ある原理」について考えてみましょう。アメーバは、自身の大いなる振動数の原理によってエネルギーを自らに引き寄せ、分裂、増殖を始め、ついには、一つの偉大なる焦点、すなわち形体となりました。そうして、あらゆる形体を自らのイメージとして生み出し、導けるようになったのです。人類は、その完全な型、もしくはイメージから、未だかつて逸脱したことはありません。写真は周りの形体だけでなく、新たに生み出される形体についても、その完全な姿を示しています。

一般の科学が、まだ証明資料を持っていない一方で、私たちは、自らが偉大なる放射性の振動であると認識するところまで前進したのです。

人間は至高の英智を完全に与えられた存在であり、あらゆるものの中心にある

試みにしばらく静座して、「我、神なり、もの皆、また然《しか》り」、「我、神の智慧なり」と言葉を発し、その反応を体得してみるとよいです。そしてまた、すべての否定的想念を取り去って、「我、神の原理（God Principle）なり、我、神の愛にして、神の愛、我より流れ出て、全世界を潤す」ことを自認することです。

自分自身を神と観じ、自分の会う人々、相まみえる人々すべてを神として観じるのです。やがてあなたがたは、極細微の生命界で演じられつつある神秘が見えるようになるでしょう。すなわち、ジェリーのように透明で不可視ともいうべき一滴の原形質が、太陽からエネルギーを抽出して運動するのを見るようになります。この原形質は、光線を利用して原子を強制的に分離して空中の二酸化炭素を破壊し、水から水素を取り出して炭水化物を造

り、かくして世界で最も安定した化合物から自分自身の食物を造ることを、すでにやってのけているのです。

この透明で小水滴のような静かな単細胞は、その中にすべての生命の萌芽を擁しています。それは萌芽だけでなく、大小すべての生物に生命そのものを分与する力を有し、かつまた、海洋《わだつみ》の底から頭上の宇宙にさえ至るまで、およそ生命の存する所、その場所にこだわらず、当該生物をしてその環境に適応させるのです。

すべての生物は、時間の経過に従い、かつ環境に従って、無限に異なるさまざまな条件に適合するように、その形態を塑造《そぞう》します。こうしてこれらの生物は次第に独自性を発達させていきますが、その反面、ある段階までくるとその変化する柔軟性を若干犠牲にして、特殊化し、固定して環境に合致させ、やがて原初の形態・機能に戻る力は失いますが、その代り、その生存条件に対するより良きより大いなる適性を得るのです。

この小さな一滴の原形質の力とその中身は、地球を緑で覆う植物群よりも偉大であり、生命の息を呼吸する動物すべてよりも偉大です。なぜなら、すべての生命は原形質から来るのであって、それなくしては、いかなる生物も存在しないでしょうし、また存在し得ないからです。

皆さんは、以上述べたことが、絶対的な真理であることが次第に判るようになるでしょう。また、人間こそがこの生命の普遍的根源であることを、人類全体が、いずれは私たち同様に知るでしょう。

人間は、至高の英智を完全に与えられており、鉱物・植物界はもちろん、動物界の主であり、事実ありとあらゆるものの中心です。この神智を人間は未だかつて失ったことはありません。ただ、残念ながら人間の思想が低下し、かつそれがそのまま次々と累積して行ったために、この神の相続財産に気付かないだけなのです。私たちはこの辺で、このような低下した思想構造を断ち切り、放下し、忘れ去り、赦《ゆる》し、人間としての真の思想構造(物の考え方)、すなわち人間が至高の英智者、すべての主、神人一体であることを明らかにする人間構造を確立しようではありませんか。

人間が神性であり完全である所以／神のプランが細胞に刻印されている

一個のアメーバは、秩序整然と配置された無数の原子から成り、顕微鏡でしか見えない高度に発達した生きる細胞です。しかし、無限者にとっては、その大小は何ら問題ではなく、小さな原子でも太陽系と同様に完全に造られているのです。この細胞が分裂して2個となり、2個が分裂して4個となり、こうして無限に続きます。すべての生物の細胞がそうです。一つひとつの細胞それ自身の中に、新しい完全なる一個の細胞を生み出す力がります。細胞自身は不死です。この細胞が現在の動物・植物、その他すべての生物の細胞を形成するのであって、しかもその各々が、それぞれの先祖と全く同じになるのです。

人類としての私たちもまた、この無数の同じ秩序正しい細胞から成っているのであって、一つひとつの細胞は定められた働きを献身的に、完全に、かつ知的に果たしている肉体という一王国の一市民のようなものです。この一個の細胞がまた日光を利用して化合物を分解し、自分の食物を自分で造ります。しかも、同胞である他の細胞の分まで造る力があるのです。以上の分裂は、生命それ自身の本質の一つであって、絶対的・基本的なものであることが判ります。これらすべてが神の働きであり、この働きが不滅である証拠が揃っているのに、それでもなおかつ、人間が地上においても本来不滅であることを否定し得るというのでしょうか。

生きとし生けるものは、すべて単一の細胞からスタートしたもので、人間であろうと、亀であろうと、ウサギであろうと、この原発細胞はその子孫たる細胞全部に否応なしにその職務を果たさせ、かつ被造物としての形態機能を一歩も逸脱せずに守り通させているのです。

これらの細胞は、明らかに推理力と本能ともいうべき英智を持っていることが判明しています。というのは周知の通り、分裂を終えると、この細胞群の一部は、身体全体の要求に応じるために、自分の性質をすっかり変容させられるからです。なぜでしょうか。それは神のプランがそこに記されているからであって、しかもこのプランは、外部の変化に屈従しないからです。これすなわち人間が神性であり、完全であり、不敗である所以《ゆえん》です。

人間の我がどんな考え方を組み立てようと、このプランには絶対に抵抗し得るものではなく、変更し得るものでもありません。これは強制支配の第一原理です。その故にこそ、人間は最高なるものに到達し得る能力を持つのであり、しかも実に豊かに有するのです。

成功の想念を定着させる方法

即座の理解によって、至高の域に一気には達し得なくても、これまで何かと自分の邪魔をしてきた迷妄の想念構造を、真実なる想念構造に変えるだけでよいのです。この**真実の想念構造は、実は本来私たち自身の心の中にしっかりと定着し、天賦の本能として常に宿っているのであって、何かものを思うにつけても最高なものに憧れ、最高のものに到達しようとの考えを起こさせる仕組みになっているのです。**この最高の目標を達成するのに最も容易な方法は、繰り返し「輪廻転生の車輪」に自分を縛りつけていた虚仮《こけ》不実《ふじつ》の想念構造を永久に放下して、確実に至高の域に到達させる不敗の想念構造を築き上げるように、直ちに実践に移ることです。

そのためにまず勧めたいことは、「すべての成功は神から出てくる」のであって、「神がすべての成功の源」であり、「唯一の中心点」であることを明確に知った上で、「神」という想いと言葉を心に植えつけることです。

次に、「我、神なり、故に我、成功する」という想念を、成功の想念とともに定着させること。次に、「我は神にして、真摯《しんし》な努力をなすが故に、すべて豊かに成功する」と想念すること。次に、「我、神なるが故に精確なる智慧にして、かつそれに伴う能力を兼備し、常に成功するのである」と宣言すること。次に、「我は神にして無限の愛なるが故に、すべての質料を我に引き寄せて成功をもたらす」と宣言すること。

愛は宇宙における最大の集結力であることが判れば、次に出てくる宣言は、「我、神なるが故に、適正有効なる方法経路をもって、すべてを成功に導く英智である」となり、さらに次に続くのです。すなわち、「我、神なるが故に、完全なる三位一体、神にして常勝キリスト、神人、すべての創造の焦点である」。

潜在意識は心臓中枢の真下にある真細胞の神経叢につながっている

今度は神の細胞について見てみましょう。神の細胞は、決して失敗することも変化することもなく、従って人間は神性である他に変わりようがありません。人間の脳は、この「神の細胞」で造られています。人間の本性としての心が変わらないのは、この道理によるのです。想念はもともと潜在意識の単なる反射にすぎないため、一分間に数千回も変わることがあります。人間に自由意志があるというのはこのことです。

人間は、どんな考え方でも、あるいはまた自分が見たり聞いたりしたことを、自分の潜在意識に信じ込ませたり、貯めておいたりさせることができるのです。しかし、潜在意識は脳を構成している部分ではありません。それは心臓中枢の真下にある真細胞の神経叢《しんけいそう》なのです。この細胞群は、不純や不完全というものを全く知らないので、およそあなたがたが考えるもの、話すものをすべてそのまま受け取って貯えるのであって、取捨選択することはありません。さらにまた、貯えておいたものを繰り返す習性があって、そのために人間は繰り返されたものを真実と思って信じ始め、やがて真実と虚偽の見分けがつかなくなるのです。

しかしながら、この細胞群に直接話しかけ、聞かせてやることによって、虚偽をすべて放下させ、真実絶対なものを受け容れ、記録するようにすることができるのです。故に、この細胞群に虚妄や否定的な性質を帯びたもの、そのような思想・言文などを、すべてを放下するように暗示することです。そうすれば、そのうちにあなたの潜在意識界には、ただ真実であり建設的な思想のみが記録されているのに気付くでしょう。それはやがて、あなた自身に、かつまたあなたを通して外部に反射していき、主体的な目的意識から生じる深い落ちつきが自分に備わっていることが、自分でも判るようになるでしょう。

これらの細胞群は、特に教えない限り、取捨選択することを全く知りません。従って、それは非常に従順で、真理の導きや影響を喜んで受けることが判ります。多くの人々がこの真理の応用の仕方「潜在意識の性質を利用して、潜在意識に真理のみを考えるように訓練すること」を聞いて、実際躍り上がらんばかりに喜んだものです。

幾千億もの細胞は、正しい所で正しい時に正しいことをするように仕向けることができるものです。私たちが真摯である限り、潜在意識は、文字通りいつも従順です。

人間の生命は、無生物には全くないような、また全く理解できないような、抑えることのできない衝動とエネルギーをもって、新しい、より善きものを造り上げ、修正し、伸展させ、創造しながら前進するものです。

人体の各細胞には、英智ある本能と支配力が満ち満ちています。もっとも、細胞群がこの神性な支配力から一見したところ逸脱したように見えることがあり、その逸脱がどの程度のものであるかは、今問題とするところではありません。外部の事情、つまりこの細胞群に催眠効果「本来非実在の病・貧困・不能等の消極状態に迷い込ませること」を与えているものはしばらく問題にせずに、これらの細胞が、この神性な支配力を受けているのを肉眼をもって見るのは、私たちにとっては全くの特権です。また、そのような催眠効果に迷い込んでいる人にしても、本当は皆、人間頭脳という無限に複雑な細胞構造を備えていることを知るのは、何という喜びでしょう。実にこの頭脳にこそ、人間、否、全人類を最高の完成の域に進ませる力が潜んでいるのです。

全人類が、神の心というこの偉大なる建物の中で互いにつながり合っているのを知ることは、まさに神から与えられた悦びです。

尽きることのない宇宙の豊かさを受けとりなさい

「私はそれである。高貴なる神の心より出でたる者である」と試しに言ってごらんなさい。それにより、天の窓が開きます。このことを目の当たりになさい。そして、実相顕現への道は、すべて満たされます。この恵みを、溢れ出でたるままになさい。

篤信家である者はすべて、「神なる私はすべてを知る原理（knowing principle）である」と、自分に言い聞かさなければなりません。そうする時、宇宙の数々の神秘が開かれ、尽きることない宇宙の豊かさに目が開かれるようになるのです。まずは、試してごらんなさい。ただしその際、必ず思った通りになるという積極的態度を崩さぬことです。エリヤのように、コップをいったん挙げたら、満ち溢れるまで持ち続けることです。唯一心「神」の能力を夢にも疑わないことです。人類が神の心に同調すれば、神は常にこれらの奇跡を演じようと待ち構えているのです。

その点で、実は人類の歴史は少なくとも100万年前まで遡れるのであって、その証拠も科学者を満足させるだけのものは充分に備わっています。しかし、この100万年という長さにしても、実は最小限の見積りであることを知らなければなりません。と言うのも、人類の歴史は、実は人間の理解を遥かに超えた古代にまで遡るからです。私たちが唯一心に即入すれば、視野がおのずから拡大され、人類がかつて神の心に対して忠実であった過去の時代を全人類に示すことができます。

また、「神なる我は神の心なり」と宣言し、その宣言が真理であり、神の法則と原理に完全に一致すると確かに知ることによって、自分の物の考え方を、すぐに神の心に合わせることができるのです。このようにして、あなたは自分の周囲ことごとくが本来天国であったことを充分に自覚するようになるのです。しかも、自分のみならず他の人々もまた、自分と同じ境地に達し得ることを悟る絶好の機会です。

物質という観念は、妄念によって実在として祀《まつ》り上げられるまでは、本来は無かったことをよく知っていただきたいのです。物質が微笑むことは決してないし、自分自身を統御する力もエネルギーもないことを忘れないでいただきたいのです。物質には本能も、自分自身の意志も欠けています。

渡り鳥は、行き先を実際に知っているため、外部から方向をガイドする器械など不要です。器械は、まさしくあの小さな脳の細胞の中にこそあるのです。まして万物の霊長であるあなたがたの場合は、いっそう偉大なる器械がガイドしているのです。なぜなら、まさしくあなたがたの脳細胞の中にガイドするものが備わっており、自分の心は完全にコントロールしていると考えた時、直ちに心はその通りにコントロールの働きを始めるものだからです。

渡り鳥は１０００マイル（約１６０９㎞）以上もの大海の上を翔《と》んで行きますが、方角を見失うことは絶対にありません。人間にも、本来は全くこれと同じ方向感覚があるのですが、無いと思い込んでしまっているために、この能力を見失っているのです。しかし、神の心からは決して何物も失われません。

この感覚が人間に備わっているのも、この神心のためであって、人間は本来神の心であり、神性であるのです。従って神の心と再び一体となるのなら、人間が真理から逸脱することは決してなく、また何事も成就し得ないということも決してないでしょう。

すべての自己限定を捨てさえすれば、死をも克服することができる

動物は否定的想念を起こすことがないために、本能や直覚を失うことは決してありません。犬に人間や動物の足跡をつけさせても、「自分にこんなことができるだろうか」などと考えたりはしないので、素直に歩き出して、結局、匂いが消されるか、または目標に達するまで足跡をつけていくものです。

人間は、獣や鳥より遥かに能力があるのに、自分で動物に劣ると決め込んでしまったのです。人間の体内には、本来完全なる種々のカラクリが備わっていることを認識し、本来すでに神＝神心に完全に即入していることを充分に悟るなら、場所から場所への移動にしても、無限の速度で易々とやってのけることができるものです。人間の頭脳はすでに真実心が完全に備わっており、見えざるもの無く、知らざるもの無き真心と協力する時、あらゆる才能の高みを、瞬時にかつ完全に極めつくし、道すでに明らかとなり、もはや迷うこと無い境地に達するのであって、そのことはすでに明々白々に立証されています。

皆さんは、ただ手を差し出しさえすれば神に触れることができるのです。さあ、ご自分の身体に手を当ててごらんなさい。皆さんは今、神を見ると同時に触れたのです。仕事の都合で一日中、１００人から１０００人の人に会えば、１００度から１０００度も神々を見たことになるのです。人によっては毎日それを繰り返している人もいるはずです。すべての人を神と見て、いつも身近に神を感じつづけることです。そうすれば、神は本当にあなたがたの近くに臨在するようになり、神を二度と何処か遠い天国や神殿の中に押し込めることはしなくなり、従ってまた、神の在所とは人の手をもって造ったものではないことが判るようになるでしょう。

さらにまた、自分の身体こそ、これまでに造られたものの中で第一にして最大の神殿であり、唯一の神の在所であることも判るでしょう。しからば、この聖所の中にこそ、征服者キリストである神人を見ることです。これこそがあなたの身体を維持している生命そのものです。神を抜き出してごらんなさい、あるいは前者「生命」を、後者「肉体」から引き離してごらんなさい。あなたの肉体は死あるのみです。

人間は今日まで、およそこの地上において過去に存在し、またかつ現在存在している大いなる神殿をすべて建造してきましたが、肉体というこの偉大なる神殿と全く同じものを建造したことは、未だかつてありません。肉体は最大の工場であるだけでなく、自己自身を再生させる力をも備えています。それにもかかわらず、人間はこの肉体神殿を極度に冒《ぼう》瀆《とく》してきて、死の中に横たわらなければならないところまでそれを冒瀆したのです。しかし、今や勝利の誇りとともに、再び立ち上がります。

人間は自己限定をしているため、一個の目すら造ることはできません。ここですべての自己限定をかなぐり捨てることです。そうすれば、目にしても人体のいかなる部分にしても、再生と刷新を可能にし、死を征服することさえできるのです。

不変の法則／神性英智が人間の全細胞に刻印され、数十億年も伝わり続けている

神性なる英智と原理が厳然として存在しているのですが（以下、『ヒマラヤ聖者への道』第3巻第7章参照）、それは決して一つのものや一人の人物が樹立したものではなく、数億もの人々が築き上げた、ある偉大なる文明を通じて打ち立てられたのです。この人々の考え方が非常に強力であったため、人体のすべての原子はもちろん、全宇宙のあらゆる原子に浸透し、すべてを支配する力をも持つようになり、さらにまた、精神行為を規正する力になり、そのままの状態で固定するようになりました。

こうしてそれは、人体の全細胞にその力を刻印し、この神性英智を表す光が一番初めの細胞に集中した結果、人類各個人の神の真実の似姿に何らの変化も生じることなしに、神性は世代から世代へと、数十億年も伝わってきたのです。すでに不変の法則として確立された以上、言い換えれば宇宙においていったん法則となったものは不変である以上、それは今後なお、数十億年もの間、不変のままで存在し続けるでしょう。法則は主とならなければなりません。すべての精神行為には、一つの法則、すなわち一人の主のみしかないからです。そして人間こそが、神聖なる法則を完全にコントロールする主なのです。

先に述べた偉大なる精神行為から、数百万年にわたって太平の時代が現出しました。その間、各人が自分自身の領域においては征服者キリスト・王でありながら、皆のためになることに関しては、何ら自分あるいは自分の利得の考えを持たず、喜んで人々を援助し、人々のために働いたのです。

ところが、やがてあるグループ群が現れ、自由意志に基づく思想と行為を主張して、自分自身のことにかまけ始めたのです。そして、彼らは変化を求め、物質的なものについての智識を求め、全体よりも個人の利益を追求するようになり、たくさんの人々が当時のいわゆる本家から離れて行き、遂にはこの反対派のグループが合流して大きな勢力ともなり、そのうちに彼らの思想自体に混乱が生じ、後にそれを反映して自然条件までが混乱して太陽の中で大爆発が起こり、それが少なくとも100万年は続いたのでした。

私たちの太陽系宇宙の惑星や星座は、それぞれに間をおきながら出現しました。一方、既述の混乱状況が起きる前に、一応人類は心の中で神性にふさわしい調和を取り戻していたので、さすがの変動にも秩序が回復しました。それはいかにも神性にふさわしく、精密で完全であり、未来に星や惑星が出現するとすれば、その場所を秒の時刻まで数学的に予測できるほどでした。

この調和は、過去10億年の間、何らの変化もなかったほどの完全さであり、従ってそれは、今後も永遠に不変であることを示しています。そういうわけで、完全なる法則、すなわち行為の主となることがいかなるものであるかが、皆さんにもお判りになったはずです。このような完全法則、すなわち行為の主たることは、人類がかつて打ち立てた偉大な文明を通じ、かつまたその文明を通じて発揮された、完全なる真理の理解に基づく一丸となった意志によって出現したのです。

「神」という言葉の由来と、そこから分離した人間の先祖

このように理解されたものに対して与えられたのが、「神」という言葉あるいは名前です。この言葉を最大の周波数で発声することも、充分に知られていたことで、そのために神なる語は、すべての言語の最上位に置かれたのです。

この神なる言葉には、初めは人間の形態を示唆するようなものは何一つ無く、ただ全人類が打ち立てた大いなる神性原理を意味するだけでした。この人類は、天国に住んでいたわけですが、天国とは彼らにとっては（今なおそうですが）、変わることなき神性原理そのものであり、人体内部の調和であり、それが心であり、その心をまた神と呼んだのです。

この言葉の尊い由来と内容が判った時、この言葉によってあらゆる円満完全な状態が人

類にもたらされるのです。この神聖にして普遍完全なる法則即主が全宇宙を支配しています。従って、それが全太陽系宇宙をも支配していることが判ります。それと同時に、植物・鉱物・動物界のみならず、人間全体をも決定的に支配しているのです。

先ほど述べた大変動の間に、大部分の正しい考え方の人々から分離した人々は、ほとんど全員が非業の死を遂げました。生き残った者は、洞穴や僅《わず》かばかりの隠れ家で雨露を凌《しの》がなければならなくなり、食糧も乏しくなったため、当然食べることが切実な問題となり、結局、彼らの大部分が人間の肉を食すようになったのです。自ら招いたこのような状態のため、彼らは「本家」から益々分離するだけでなく、お互い同士をも引き離す結果となり、やがて生き永らえるためには、種族の形をとらなければならなくなり、結局は以前に持っていた智識も全部忘れ果て、遊牧民となったのです。

これが、「物質的」といわれている民族の先祖に当たります。この分離は、100万年をかなり上廻る期間も続いてきたのですが、分派の彼らには、自分たちが実は神の計画の一部に組み込まれていると感得する、半ば本能ともいうべきものがまだ残っていました。

従って、彼らの中には恐れもなく、公然と誰はばかるところなく、自分たちに主たる資質の備わっていることを言明する者も少なくなく、さらにすべての束縛から完全に脱するところまで進化した者も、一部出ました。

偉大なる文明の人々には、一語たりとも否定的な言葉はなく、過去や未来を表す言葉もなく、「すべては今ここに成就する」という言葉しかなかった

一方、「本家」の大集団で行動を共にした人々は、あの混沌たる変動を、すべてその神性をいささかも失うことなく、完全な平安と落ちつきの中でやり過ごしたのですが、それは何ものをもってしても、彼らの神性を失わせることも取り除くこともできないことを、彼ら自身が知っていたからです。しかし彼らは、こういったことも彼らが特に選ばれたからであるからとか、すべての人々以上の力があったからなどとは、決して言いませんでした。

この偉大なる文明が地球上を支配している間は、陸も海も平穏で、陸海ともに何の変異もなく、微風が吹いては人々に活気を与え、人々の行動の妨げとなるものもすべてなく、また時間・空間の制限も受けずに、欲するがままに何処までも移動して往き来しました。彼らは常に永遠の立場において物を考えました。また、物を考えるにしても言うにしても、神の教えの通りに、しかも、明確な目的をもってしたので、それが神の心の中にしっかりと定着し、明確に記録され、これらが後の世のあらゆる供給・行為・計画に役立つ一大貯蔵庫の基礎ともなり、砦《とりで》ともなったのです。

こうして人類は、あらゆる仕事、あらゆる達成を可能にする、普遍的供給を手中に収めたのです。それというのも、全人類がお互いを神人と見なしたからでした。人間各自が、神・征服者キリスト・神人の三位一体、すべてに完全な三位一体であり、神を顕現する焦点であったのです。

当時の言葉には一語たりとも否定的な言葉はなく、ちっぽけな過去や、未来を表す言葉もなく、「すべては今ここにおいて完全に成就し、完成している」という意味の言葉しかありませんでした。現在の人類が復帰しようとして苦闘している高度の進化の状態は、すべてこのいわゆる高度文明時代に達成されてしまっており、それは全部記録の上に残っています。人類がもしさまざまに分裂した思想や個人のさまざまな業績とで混乱した、この物質主義時代に超然として己を持するならば、これらの記録に接することもできるのです。

こうした業績・行為はすべて普遍源質という大倉庫に明確に記録されており、人類がもし自らの自由意志で災害を招きよせた前述の人々の持っていたような騒がしい利己心を鎮めれば、その瞬間に、これらの記録を抽《ひ》き出すことができます。

こうした事情であるなら、最大の希望は、未来の若い世代です。若い世代の人々は、肉体的、精神的、さらに機械的にも、最良の技能・力量を持っており、欠けているのは礼儀と判断力であって、これは今後の体験によって調整され、やがて完熟した人間となるでしょう。しかし、体験に代って最大のガイドとなるのは習慣です。なぜなら、善い習慣は得るに易く、悪習慣と同じく破るに難いからです。

「神は自分の外部に存在する偉い方」という思い込みを捨てた時に、偉大なる文明が現れる

前述の偉大なる文明の後に生き残った人々の考えによれば、当時の人々が一人残さず先ほど述べた大変動によって失われたとしても、すでに真理ははっきりと打ち出されて普遍源質に徹底的に記録されていた以上、一物として失われるものはなかっただろう、ということですが、なるほどと思われます。これはよく知られている事実ですが、行為や語調にしてもそうですが、本来の意味を明確な意図をもって発した積極的な言葉はすべて、私たちが神の心と称している神性心質に全部秩序正しく記録されていて、肉眼・肉耳をもって目の当たりに見たり聞いたりすることのできる程度にまで再生したり、写真に撮ることもできるのです。

これもよく知られている事実ですが、この偉大なる文明は、その一部分が今日までそのまま伝わっています。多少人目の触れないところに隠れてはいますが、今や時節を待って

いるのです。しかもその時節は、そう遠くはなく、その時にこそ出現して、その姿・由緒を明らかにするでしょう。その時とは、「人類の中で相当数の人々が、思い思いの神について持っている、それぞれの先入観念、しかも神を『自分の外部に存在する偉い方』という先入観念を捨てて、その代り、すべての人々が絶対神・征服者キリスト・神人の三位一体を認め、それが全人類を通じ、全人類によって述べられ得るようになった時である」と、大師方は言っています。

先ほど述べた「記録」は、決して変えたり歪めたりすることはできませんし、いわゆる時の流れも、これを曲げることはできません。また、奇跡や超人体験でもなく、自然不変の状態なのです。事実それはあらゆる星辰《せいしん》を支配し、統御している不変の法則と全く同じです。この法則やこの法則の及ぼす影響こそ、どんな数々の言葉よりも、人間の成し遂げる力の偉大さを雄弁に物語るものです。しかも、この人々は何も超大な支配力を持った人種でもなければ、超自然的な種族でもなく、現在のあなたがたや私のように、全部同一の神に似た同一の姿形であるところに素晴らしさがあります。

では皆さん、私たちはまずすべての人々に神を観じ、すべての人々の顔に征服者キリストを見、すべての人を自他一体の神人とし、自己の外部に立てられたすべての形像は、言葉のひびきだけでもすぐに崩れ去る偶像にしかすぎないことをよくわきまえ、その上で唯一の崇高偉大なる神人、すなわち人間一人ひとりを相共に崇拝しようではありませんか。こうして初めて、人は科学と宗教に、源を共にする衣を着せることができるのです。なぜなら、すべては唯一の真理から発しているからです。

真理がすべての科学にとっての法則です。神性を考えることによって、人は自分の中に神性を確立し、同時に宇宙エネルギーと力の大貯蔵を増やすことになり、その力を増大させることになるのです。皆さんにもそのような力を高め、それを大いなる行動力に仕上げることができるのです。現に四六時中、その力を増やしつつある人々が、数百万もいます。皆さんもその気になれば、その仲間に加わることができるのです。

宇宙の流れを受信するようチューニングすれば、インスピレーションは自分の中で起きるようになる

【質疑応答】

Q インスピレーションはどこから来るのですか？

A アイディアの世界は、私たちの周囲すべてにあります。インスピレーションの意味については、いろいろな考え方がありますが、たいていのインスピレーションは感情の表現であって、大した意義はありません。ただし、もっと深いところから催してくる感情の表現は別です。その他のインスピレーションは聡明の閃《ひらめ》きであって、危急の際に賢明な行為を可能にするものです。たぶん質問者は、哲学者や聖人がその精進努力によって獲得した深遠な思想のことを心で思っているでしょうが、それが本物です。

Q どうすればインスピレーションが得られますか？

A 私たちの身体をよく訓練して、宇宙心の流れを受信するようチューニングし、その力を変圧して、種々様々な現象の中に現れている宇宙法則を感じ取るようにすることです。それによって、インスピレーションをある意味では自分自身の中で発生させるわけです。

Q それなら、私たちのアイディアが外部から来るように思われるのはなぜでしょう？

A 私たちの現在の発達段階では、自分の中で活動している力全部の本源を認識するところまでは行っていません。生命が一つの宇宙力であることは、私たちの生理機能を営んでいる組織で判っているのですが、生命がどこから来て、肉体を去った後、どこへ去るのかは判っていません。

例えば、私たちは電気を毎日使用し、電気を起こし得ることは知っていますが、それがどこから来るのかは判っていません。想念をアイディアとして現れた一つの力だと定義すれば、いくらか判りにくいかもしれませんが、電気の場合とよく似ていることははっきりしています。私たちは物を考えはしますが、そのエネルギーがどこから来るか、その源は秘められたままです。

しかし、それにもかかわらず、私たちは考える能力や効率をアップさせることはできます。インスピレーションが自分の中から出てくると言われると、普通の人々が混乱するのも無理はありません。インスピレーションは、見かけからいえば確かに外から来るもののように思われます。ちょうど電気や生命の場合と同じで、ある条件を整えると、生命と電動力は自分の自由になります。それと同じく、心の準備を整えると、確実にインスピレーションが自分の中で起こるのです。

Q 現在の混乱した社会状態について、あなたはどのような態度を持っていますか？

A 私はそういったことには全くエネルギーを使いません。私たちが混乱状態についいて考えるために消費しているエネルギーを引き揚げて、それでもって私たち自身の身体条件を整えるならば、私たちはどんな状態でも、すぐに是正することができるはずです。

第5章

神の子の生き方

イエスが人類のためにしたこと／人間は人類全体を守護する力がある

人間が、既述のような思想を持てばどんなことができるか、また現実にどんなことを成し遂げるか、という問題を取り上げてみましょう。

私たちがチベットやインド、モンゴルまで調査をした時、この問題に関連して体験したことは極めて顕著なもので、人間は自分自身だけでなく、人類全体をも守護する力のある事実をまざまざと見せつけられました。

人類全体の守護というと、とてつもないことのように思われますが、歴史をふり返ってイエスの生涯に思いを致し、イエスがかつて人類のためにしたこと及び現に成しつつあることを理解すれば納得もゆきやすく、それだけまた、受け容れることも比較的容易にできるわけです。イエスの教えは２０００年だけで終ったのではなく、その後も綿々と続き、今なお、当時のように活き活きと脈打ち続けているのです。

かつて私は、河の水の上に立った大師方と、その方に向って水上を歩いて行った弟子たち二人のことを話したことがありましたが、この話には大きな教訓が含まれています。それは、私たちが自然力を信じて使用し、その便益を受け得る方法を示しているのです。と言っても、必ずしも水上を歩くというわけではありません。水に沈んでしまうような客観的状態を抜け出して主観的状態に入れば、その力を肉体支持に完全に利用し得るということです。

このような状態にある時、私たちは成就するのです。もはや変化に支配されることもありません。変化とは客体の変化にすぎず、主体は決して変化するものではありません。純霊はいかなる方法によっても変移するものではありません。基本原理は、常に自らを貫き通すものです。

私たちがこの基本原理のみに注意していると、自分自身がその原理そのものになってしまうのです。そんなことをしていると、寂滅《じゃくめつ》沈滞の状態になりはしないかと思う人もいるかもしれませんが、そういうことはあり得ません。私たちが何かを成し遂げて、しかも有為転変《ういてんぺん》にさらされることなく、あるいはただ単に成し遂げるつもりだというだけではなく、現実に自分が成し遂げつつあることを自覚しつつ、さらにある明確なラインに沿って前進し得るのは、まさにこのような態度に悟入《ごにゅう》した時です。

私たちが常に自分の悟性に従い、すべての想念を持して生きていくなら、有為転変はあり得ないのです。物事は常に進行を伴います。この進行によって、私たちは別の表現あるいは状態に移っていくのです。

70歳は、神人として完成し始める成年期

老齢も、その適例です。老齢とは客観的なものです。私たち自身もいずれはそうなることになっています。しかし一体、老齢になる必要があるのでしょうか？　否です。仮に私たちが空間遥か彼方《かなた》に移動して、この地球から完全に離れ去ってしまったとしましょう。もはやそこには時間はありません。従って、そこに地上の計算で１００年間とどまったと

しても、年をとることはないでしょう。それと同じ状態を、直接この地上にもたらすことができるのです。私たちがそうと腹をきめてかかれば、時間も空間もないそのような状態が、現実にここに実現するのです。

医学者は、「9ヶ月以上の肉体細胞は、本来は存在しない」と言っています。9ヶ月から先の年齢は、自分で勝手に我が身にもたらして、その支配に甘んじているのです。青春は我が物なのです。もし私たちの中に本来青春という完全な状態がなければ、自分の人生の一時期に青春を現すことはないはずです。また、もし青春が常に頭を出していなければ、「若々しい」こともないはずです。青春を私たちの意志に従わさなければ、私たちはすべて老朽するほかはありません。しかし、今では私たちは老齢を私たちの意志に従わせています。

ここに子供が一人生まれたとします。すると、大人たちは、もうこの子供の寿命を70歳ときめてかかるので、子供は大人たちの想念の通りになってしまうのです。結局、大人の私たちは、子供に自分で自分の将来を造る機会を与えることさえしないで、子供を死という考えに縛りつけているのです。ところが、インド人たちは、「70歳という年齢は、そろそろ神人として完成し始める成年期だ」と言っています。この年頃から、人は何の制約も受けることなく、また、青春を完全にその意志に従わせて、欲するがままにやっていくことができるのです。

若さ・美・清純・完全が一つになった状態を理念として生きることには、何の元手もかからない

私たちは、自分の計画していることは何でも実現成就するものだと教わっています。私たちのしたいことが失敗であればその通りになりますし、完全であれば、またその通りになります。それなら、不完全よりは完全を成就した方がどれだけよいでしょう。私たちがせいぜい隣人の手伝いくらいしかしなかったとしても、彼に不完全さを表す、すなわち彼のマイナスになるようなことをするよりは遥かによいでしょう。そうすることによって、人生からより多くを得るし、またそれには一銭の金もかからないはずです。隣人にニコニコするのに金はかかりません。まず隣人に愛を示すことです、まさにそこから完全なるも

のが出てくるのです。

若さ・美・清純・完全が一つになった状態と、ひたすらにその実現を目指す場合のことを想像してみてください。これらを理念として生きることに、元手がかかるとでも言うのでしょうか。こうした理念を常に念頭において生活するなら、私たちの諸々の状態は1週間以内で変わってしまうはずです。1週間どころか、1分間以内で変わってしまったのを、現に私たちは目撃しています。

「あなたの目が一つになれば、あなたの全身が光で満たされるでしょう」と、イエスは言ったではありませんか。イエスのこの教えの原語を取り出して、イエスが未来のことをどうのこうのと論《あげつら》っている箇所を見つけることは不可能です。ともかくもイエスは人間に、自分の想念をある明確な目的の達成に使用すべきことを教えたのです。その目的とは、人間の実相である神性開顕《かいけん》を成就することです。

私たちは、独力で何者も侵すことのできない境地に達することができた人を見たことがあります。その人は、別にいわゆる大師ではなく、スー族のインディアンなのです。それは他でもない、我が国で起こったことです。今のインディアンたちは、場合によっては自分たちの集落の周囲に境界線を引き、心に憎悪を抱いている者がその線を越えられないようにすることがあります。これまでにこの種の越境が2回企てられ、2回とも悲惨な結果に終っています。

「お互いに愛し合う時、初めて愛にひたされるのである」とイエスは言われて、愛を最大の力のうちの一つに数えられました。それなのに、もし私たちが自分の力を愛以外の別の方向に向けるなら、私たちは一種の混乱状態に陥ってしまいます。「人間は天と地とその中にあるすべての支配者である」とイエスは言いましたが、その諭しには限度があると思いますか？　イエスは、人間が本来数々の可能性を持っていながら、これまでそれに触れていなかったのを見て、人間の本来の無限の力を人類に示したのです。

「老・病・死・苦」という催眠状態から抜け出す道

肉体の中の原子一個でも配置を誤れば、もはやその肉体は生存を保つことはできません。全宇宙は、その中から一個の原子を取り出すだけで爆発してしまうでしょう。このような状態を、イエスは簡単な方法で示されたのでした。イエスが言ったままの言葉は、全く判り易いもの、私たちが忘れようとしても、忘れ得ないほどに理念を明確にされたのですが、それが「神」なのです。

「神」というこの言葉の波動だけでも、私たちが体内に造り上げてしまっている催眠状態［老・病・死・苦等］から私たちを抜け出させてくれることが、今では判っています。この催眠状態に力を貸していたエネルギーを、神の方へ向けるなら、私たちは神我一体の状態をしっかりと築き上げ、もはやそこから背離することはないでしょう。

それにもかかわらず、私たちはたいてい現象ばかりを見て、想念を外に散らしているものです。しかしイエスの視野は唯一点、すなわち常在の主観状態「実在の完全なる状態」に向けられていました。客観である対象は変化します。しかし、真理そのものは絶対に転変しません。従って私たち自身の態度の方を変えて、すべてのエネルギーを一点に集中するようにすれば、私たちの肉体からは光が放射されるようになるでしょう。

現に私たちが部屋に入ると、その部屋は明るくなったものです。そういう場合を、たびたび私たちは見ています。これは心霊現象ではなく、写真にも写せるものです。心霊現象なら写真には写りません。私たちは、自分から選んで過ごしてきた不安定な状態から、安定した状態に転じることができるのです。そのためには、ただそのような想念を起こすだけの時間しかかかりません。私たちの想念をこの真理即神に変えたその瞬間に、その状態は我が内にあり、私たちはその状態そのものになっているのです。

光を向けば、自分が光になる／イエスの想念は原理だけに向けられていた

私たちは、何も教訓など受ける必要はありません。教訓はただ気付かせるだけのものです。なるほど、教訓も一つの力ではありますが、とかくその内容よりは形の方にエネルギーが投入されがちです。例の河の上を歩いて渡った実例にしても、あの二人の弟子にとっては他の人々が岸に立ち止まっている間にさっさと歩き出して、大師方と一緒に河の水の

上に立つという、ただ一つの実演をすればよかったのです。岸の上にはたくさんの人が突っ立ったままでいましたが、それは彼らが「安心立命《あんしんりつめい》の世界」に移人しなかったからです。やろうと意志すれば、自分の不安定の世界に投じているエネルギーの量をそっくりそのまま活用して、水の上に乗り出せたのです。

ところで、水上歩行を学び取るために、自分のいる現在の場所から離れて誰か師匠につく必要はありませんし、また教訓の一つでも受けるために出て行く必要もありません。教訓はただ一つのみ、それは「ここすなわち我が内」にあるのです。この事実を変えることはできません。この真理から自分がどれだけの期間遊離していたかは問題ではありません。

光を向けば、自分が光になるのです。イエスは光に向って歩くことを必要としましたか？　そんなことはありません。それは、彼が光そのものだったからです。その光とは、イエスが説明されたように、真理の光、愛の光、神の光です。

イエスの想念は常に原理に向けられているのであって、そうでない想念など決して起こしたことはありませんでした。イエスのこのような態度で、しかも極めて簡単な方法で、イエスに倣うことができるのです。

こんな簡単な生き方をしている人々は、外部から何かを取り出すのではなくて、内部から抽き出すのです。食料や必要品などすべての供給にしても、その方式で行っています。このような人々と他の人々との違いは、前者が視野を遥かに拡げて、より広範囲のものを取り入れていることです。しかも、この生き方は誰にでもやれるものです。いったんコツが判ると後はスムーズに進み、遂には本当に自分のものになってしまいます。

進化や成功への道を他人に頼ると、そのエネルギーが私たちの身体から出ていってしまう

進化や成功への道がいろいろ示されはしても、自分独自の方法によらない限り、目的は達成されるものではありません。また、他人に頼ると、その人のやっていることにエネルギーや力を加えてやることになって、その分のエネルギーが私たちの身体から出ていきま

す。自分の道を見つけて顕示した時、初めて私たちは自分の肉体にエネルギーを加え、他にも分けてあげるだけの余裕が充分に出てくるのです。そうすることによって、自分にある状態ができ上がり、それがすべての人々にとっての救いの一助となるのです。

私たちは何も、他人の思想の上に何かを築きあげる必要はなく、私たち自身の思想を普遍的状態にすることです。それによって、全人類が恩恵を受けるのです。

人は、いかなる道を歩もうとも、人類のためになることをしなければ、決して目的を達成し得るものではないと言われています。人類を前進させるのは、何かある大いなる思想を把持し、それにエネルギーが加わった場合です。といっても、他人の思想の上に何かを築くことによってエネルギーを得るのではなく、自分自身の思想を基盤として、その上に築くことによってエネルギーが生じるのです。その時初めて、私たちは宇宙に存するエネルギーすべてを活用するようになるのです。

「私はすべての否定的想念を追放します」と宣言してください

私たちが、神の波動を背後に、神の名において考えることは、すべて私たちのものとなります。それはすべての物質、すべての智識、およそ純粋なるもの、およそ完全なるもの、およそ美なるもののすべてに当てはまります。

神性はすでに確固として我が内に実在する――この事実に全思念を向けるや否や、直ちにあなた方は支配力を獲得することができます。神性はまさに我が内以外のどこにも存在しないこと、常に我が内に確固として実在すること、これまでは否定的想念でこの事実をくらまし、自分の意識から追い出していたことを、四六時中自分に言い聞かせることです。

この内在の神に語りかけることです。神が内在することをすでに知り、その臨在を完全に意識するようになったことを神に告げ、さらにまた、我が人生における支配力となるように頼むことです。

では、次のように宣言してください。「私は今、すべての否定的想念を我が生活から放下し、追放しました。我が全存在にわたって、神が完全に確固として実在することを感謝します」。もはや、自分は一個半個の単なる動物ではなく、今や全身これ清純にして、この肉の宮に生きる神が臨在して完全に神のものとなり、今や完全にこれを支配すると心を定め、かつこの考えを常住心の中に把持しつづけることです。

また、こう宣言するとよいです。「我が魂と生きるキリストとは一体となり。一体から湧き出ずる祝福と満足を、私は今味わう。この祝福と満足は、久遠を通じて我が内に変わることなく続く。生きるキリストが我が内に完全に確固として臨在することを私は知る。私は純粋なるキリストである」と、潜在心の中でそう言い続けることです。すると間もなく、生きるキリストの臨在によって、本来常に自分のものであった喜悦と満足を経験するでしょう。

純粋な想念を所有できれば、必ず大いなる配当が生み出される

そのうち間もなく、あなたがたは逆の想念・感情・行為をすべて押しのけてしまう精神力が自分から出ているのに気付くでしょう。その時、あなたがたはもう抵抗することのできない、かつ自分の全世界を支配している、純粋な想念の勢力を造り上げてしまっているのです。自分自身の魂に波長を合わせて心の平安なる時が、この霊的なる聖《きよ》き宮居《みやい》が強化される時です。このようにして、私たちは主観心がただ神より出ずる印象のみを放射するように訓練するなら、やがてそれは私たちの意識の中に浸透して、睡眠時間中もずっと働くようになります。

万一私たちの想念や言葉や行動の中に一つでも弱点を見つけたら、意志を全面的に働かせて、このほころびを強化する必要があります。そのうち自動的に否定的な想念はすべて征服され、神の想念、神の感情のみが自分の世界に住むようになってゆきます。その時、初めて私たちは神以外には何ものも侵入させないように訓練された想念と感情の軍隊とも

いうべきものを所有したことになるのです。これが「絶対的支配の位階」で、ここまで来た時、神理を顕現する能力を達成したことになります。このように、私たちは神霊のすべての力の基盤なのです。ここまで到達することを生涯の事業とすれば、必ず大いなる配当が生み出されるものです。

皆さんは、今や新しき日の夜明けを目の前にしているのです。そうして大いなる法則を、より大きく把握しようとしているのです。

「完全な状態」を言葉によって創り出す／否定的なものを見たり聞いたり受け容れることを拒絶する

自分の心と世界を不調和から解放するには、自分の全心身が「生きる神の宮」であると積極的に知ることほど、効果的な方法はありません。神聖な想念が持つ遥かなる広範囲に及ぶ音も無き力をもって、あなたの発する建設的な想念・感情・言葉一つひとつによって全人類が、否、全宇宙が益を受けるのです。この事実を知り、この事実を活用していただきたいです。神の不滅の愛について考えれば考えるほど、人類を光明化することの重大さが判ってきます。従って、人類の向上と啓発に協力する機会がどこにあるか、そしてそれがいかに大きな特権であるかが、ある程度お判りになるでしょう。

さらに一層重大なことは、人間世界にあるすべての否定的なものを消し去るように力を貸すことが、人生に対する私たちの責任であり義務でもあります。そのための最も強力な方法の一つが、およそ否定的なものを見たり聞いたり受け容れたりすることをすべて拒絶して、すべての人と物に意識的に神の愛を注ぐことです。「征服者キリストの聖霊（神我の実相）は、すべての不調和を超越する」ことを、はっきりと知ることです。

あなたがたの意志は、神聖なる意志、すなわち神の意志であって、神はあらゆる瞬間に、あなたがたを通じて働き給うことを常に知っていただきたいのです。この考え方を中心に考えていけば、その都度あなたがたの意志力は強くなり、ついには、あなたがたの考えには誰も抵抗できないほど強くなるのです。これを実行することです。そのうえで終始誠実に結果を待つことです。そうすれば、何物もあなたを妨げることはできません。

このような強力な積極的言葉と思想を毎日根気よく強烈に繰り返していれば、今まで眠っていた頭脳細胞を発達させ、遠からずして自分が完全な支配力を持つ主となっていることが、自分でも判るようになります。あらゆる目的に対して自分の意志と言葉を訓練すれば、自分自身の心の主となり、周囲の世界の否定的なものはもはや受け付けないようになります。些細なことにもこの真理に忠実になれば、すべてを支配するようになります。本来自分のものであるべきあらゆる完全な状態を、言葉によって創り出すのです。そうすれば、あなたがたはあらゆる状態の主となります。

現在生理学者は、私たちの人体組織を構成する細胞群には印象を受ける力があり、しかもその印象を全細胞に伝えると言っています。さらにまた、印象を思い出す力、すなわち記憶・印象を比較する力、すなわち判断、善き印象と不完全な印象を選り分ける力等も兼ね備えています。主観心すなわち潜在心は、肉体細胞全体のエネルギーと智慧の集合であることもかなり定説になっています。神性の印象のみを出すことによって細胞全部が各々の神性を再認識し、この神性をさらにまた改めて各細胞に伝えるのです。そうでなければ、人体としてまとまった形の写真など撮ることはできないはずです。

このことが、各人に判るようになると、個々の細胞の意志力が一致し、所属の器官、あるいは中枢、あるいは今後附属することになる器官あるいは中枢の意志に調和して働くようになり、それは同器官または同中枢を構成している意志細胞（will cells）全体の力となり、ついに肉体の全組織の中心意志と意識的に調和するようになるのです。その時、「我、神なり」（God I Am）が、全肉体を通じて完全に顕現し、次のような言明、すなわち「我は神の力なるが故に、すべてにおいて豊かなり」、さらにまた、「この力の言葉により、我はすべての制約から放たれて自由なり」が、いよいよ大いなる力を得るのです。

人間が悟性の門を開くと、そこに一種の磁場ができて全宇宙を包含する

【質疑応答】

Q スポールディング氏の言われる神とは何か、それについて説明してくださいませんか？

A　神とは私たちが従わなければならない原理です。しかし、神について何か定義をすることはできません。神の定義を始めた瞬間には、もう神はその定義を超えてしまっているのです。だいたいにおいて、定義なるものは人間智という一升枡《いっしょうます》の中に神を詰め込んでしまおうとするような試みにすぎません。

Q　人によって神という言葉を使う者、霊という言葉を使う者、原理という言葉を使う者とさまざまですが、どの言葉が一番よいのですか？

A　最大の言葉は神です。神なる言葉では、人は催眠状態にはされませんが、その他の言葉ではされてしまうのです。この神なる一点に直接向き直るなら、最大のことを成就するようになります。神という言葉はいくら頻繁に口に出しても、出しすぎることはありません。

Q　あなたは「イエスが金白の光を放つのを見た」と言っていますが、そうなるのが一番よいのですか？

A　判りません。それは客観的な性質のものを遥かに超えたものでしたから。まだ低い力のままにとどまっている者では、よくは知り得ないのです。

Q 神の力にアクセスするにはどのような方法を用いたらよいでしょうか？

A 決まった方式というのはありません。よく調べてみると、法則はいつでも自分のいる所にあるものです。私たちが思いきって法則に全面的に同調するならば、全宇宙が私たちに開きます。

全宇宙が開いて宇宙のあらゆる状態が判るようになれば、私たちはこの法則の下《もと》に無限なる実相を顕現して、法則と一つになってしまいます。それはただ自分が法則とすでに一体であると知り、疑いや恐れを決して寄せつけないだけで成就します。

Q そういうことを受け容れる態勢が西洋ではできていますか？

A 西洋は今受け容れ態勢を整えつつあり、しかもそれが速やかに進行中で、一人の例外もないほどです。あるとすれば、自分で勝手に自分を疎外しているだけです。

私たちが悟性の門を開くと、そこに一種の磁場ができます。この磁場は、それを拡大して全宇宙を包含することができます。私たちの肉体宇宙は本来常に全自然宇宙と一体なのであって、そのためには、私たちの方で悟性を拡大しさえすればよいのです。

Q どういう時に、どういう想念を起こせばよいのかの分別は、どうすればつくでしょうか？

A 分別がつかない場合は、できる限り愛を注ぐことです。それ以外の想念を出すことは、すべて拒絶することです。そうすれば、結果は調和に導かれるものです。イエスは愛を、あらゆるものの第一位に位置づけました。

Q どうして神の化身が幾度となく地上に送られてくるのですか？

A 身をもって原理を示すことが、いわゆる神の化身が自ら選んだ使命です。従ってこの方々は、原理に近い生き方をしています。この方々の示される道、あるいはその送られる生き方が人類にとっての道になるのです。

Q 神の化身が地上に繰り返して現れるのは、何か地上での霊的発達状態によって決まるのですか？

A そんなことはありません。この方々は、地上のどんな発達状態の中でも、神霊と一体の生涯を送られるものです。

第6章

汝すでに知っていると知りなさい

神癒の行われる原理／神殿の霊波が奇跡を起こすわけ

病気治しについて何か話をしてほしいというリクエストがありました。

本当のところを申しますと、私たちは自分で自分を治しているだけです。それには、ある非常に強力な要因があります。というのは、各々が自らの内に神性即神を認めるや否や、認めた本人と神は結合されて、病気に対して絶対多数となるわけです。決まってその通りになります。そもそも神理は、不完全なものを一切知りません。世界中の神癒の行われている神殿で起こるのも、全くこの道理によるものです。このような聖所に行く時、人々はきっと奇跡の成就と完全な健康回復ばかりを思い続けながら神殿の霊波を受けるので、治癒が起こるのです。

私たちはそれを写真でお見せすることができます。我が国アメリカのある大都市の一人の医師が、私たちと一緒に仕事をしたことがありますが、その方が実験の目的で同僚の医者仲間に、治せない病人をX線写真とカルテを添えてよこしてくれと、頼んだことがありました。

私たちの使っているカメラは、病気のある箇所を示す式のもので、寿命があって健全な場合には、肉体が煌《きら》めきながらフィルムに写ります。このカメラで写してみると、肉体から光が実に60㎝も出ている患者もいましたが、私たちが扱った98例のうち、完全に治って帰るまでにカメラの前に3分といた者は一人もいません。

私たちは、ただこう言っただけです。「いいですか、あなたはこれまでX線フィルムに映った暗い所ばかりに注意を集中してきたでしょう。光やこの明るい所など、光の源に注意を向けたことは全然なかったでしょう。さあ、もうそんな暗い所などすっかり心から放してしまいなさい。そうして明るい所、明るいことばかりを一心に考えるんです」とね。すると、98例とも皆各々担架に載せられてやってきたんですが、全部が全部完治して帰りました。どうです、まさしく自分で自分を治している証拠じゃありませんか。そういうわけで、実は皆自分で自分を治しているのです。これはもう絶対です。

もし私たちがこのように、どんなことがあっても積極的な考え方を続けていくなら、遠からずして、病気など無くなってしまうでしょう。いったん病気の名がついてしまうと、私たちは心の中でその病名を何度も何度も繰り返すものです。

ところで想念と名前は「物」なのです。従ってもし私たちが真理を知らない人々がやっているように、この想念と名前を絶対視してその想念を起こしたり、名前を絶対視してそれぞれが持っている波動を起こすと、完全にその想念や名前の通りのものを実現してしまうのです。今までに人間世界に現れてきたものすべてを調べてみると、これが真実であることが判ります。だから私たちは、自分の中（実相・神我）へ入り込み、掘り下げていかなければならないと考えるのです。

このことは、研究を進めているうちに判ってきたことです。しかしそれまでは、道標になるものはなく、むしろ必要に応じて私自身でその道標を立ててきました。研究がかなり進んでから、間違いを犯していたことに気付いては後戻りして、また仕事をやり直したりもしたものでした。ですから、まるでアンヨを覚えだした子供みたいなものでしたが、今では機械的な装置などを持っているのでちゃんと歩くこともできるし、またいったんは諦めて放り出したところから仕事を取り上げてくれる装置の数を増やしつつあります。

「自分はすでに知っている」という悟り

前置きはそれくらいにして、私たちはこんな体験をしています。ある特殊な仕事に要員が1人要ることになりました。それまでに与えられたある問題について長い間研究をしていたのですが、そのうち見たところ、どちらの方向を取っていいのか判らないいくつかの問題にぶつかってしまいました。ちょうどその時、この青年がコロンビア大学からやってきたわけです。彼はその時までこの種の仕事をやった経験はありませんでした。ところが何と25分後には、この問題を解決してしまっているのです。私たち自身はこの問題すべてについて約4年ものあいだ研究してきたというのに。一体どうしてそんなことが起こったのでしょう。

実は、彼には常に「自分はすでに知っている」という悟りがあったのです。それで仕事室に入ると、「こういう事情ならよく知っている」と自分自身に言い聞かせ、この悟りによって解決を生み出したのです。また、これと同じことが起こったことがありますが、正真正銘の事実です。それはカルカッタ大学で私自身に起こったことです。私は4歳の時に、カルカッタ大学のいわゆる予備校に仲間入りしました。そもそもの出席第一日に、教師は私に言ったものです。

「ここにアルファベットがある。それについてどう思うか？」

「判りません」と、答えると、

「そんな考え方ばかりしていると、いつまでたっても判りはしないよ。ここで考え方を廻れ右させて、その『判らない』という考え方を捨ててしまって、『ちゃんと判っている』という態度に切り換えることだ」と教えてくれたのでした。実にこの一件のおかげで、私はその学校を終えると、さらにカルカッタ大学に進学し、14歳で卒業したのでした。

この方法は、あまりに単純なために、看過してしまいがちなものです。私たちは、大学に入ったら本の中に入り、掘って掘って掘り下げるべきもの、本の中にあるものを全部掘り出すべきだと考えるものです。しかし、本に書かれている程度のものなら、本当は自分の実相においてすでに判っていることなんです。皆さんがこの生き方をすれば、ちゃんと判ってくるのです。

皆さんは、本にあることくらいは実はすでに自分の中に在るという正しい受け取り方はしないで、本に頼ってそれを松葉杖代りにしてしまっているのです。本当は皆さんが主人なんです。皆さんがそういう生き方を駆使することです。しかも、それは人生のあらゆる職業で可能なのです。人々は、自分の否定的状態あるいは意識から起き上がるにつれて、この真理を認識し始めています。否定的意識は、私たちにとって何の価値もなかったことを次第に学び取っています。では、なぜそんなものを温存するのですか？

大切なのは「悟ること、そして、自分は自分が口にするもの自体である」ことを知ることです。そこから初めて皆さんは、前進が続けられるのです。

いろいろな計画をもって前進しつつある人々は、ほとんど全部が今ではこの態度を取っています。また、現在次々と出てくるいろいろな発明の90％以上がそうです。その結果はどうです？　――ご覧の通り、素晴らしい成果を挙げているではありませんか。しかもなお、現在続々と成果を挙げつつありますし、かつ過去6年でそれ以前の80年間で達成した以上のことを成し遂げているではありませんか。

発明・発見の原理／波動として宇宙に満ちているものを、改めて引き出しているにすぎない

私自身そのような体験を、しかも今申し上げた期間よりも、もう少し長い年月にわたってやってきています。ですから、どうして長足の進歩をとげたか、私には正確に判ります。それは私たちが毅然《きぜん》として、自分自身の足で立ち上がり、「自分は本来すでに知っているんだ、しかもそのことを自覚していた」からです。発明・発見といっても、実は誰かが思いつく前、見つけ出す前に、すでに実相の世界には存在していたのです。もし、何かの発明・発見が本来すでに存在しているのでなければ、何人《なんびと》もその想念波動をキャッチし得ないはずです。もともとこの波動が起こって初めて、誰かに認識される仕組みになっているのですから。

この波動は、実はすでにここにあるのであって、自分の心と想念を訓練すれば、直ちに自分の「こうありたい、こうなしたい」と思うものを正確に知るようになります。私たちが今日著しい進歩を遂げたのは、実にこの理由によるのです。

もちろん、そこに行くには極めて多くの道があるわけで、それは今さら言うまでもありません。また、そのことを認識する人々も少なくはありません。しかし認識しない人々は、特に努力をして「自分は本来はすでに何でも知っている」ことを知り、そのことをキッパリと言い切って欲しいのです。人をして常に難業を貫徹させるのは、実にこの自己自身への明言によるのです。

宇宙に新しいものは何一つないとはよく言われることですが、その通りです。**人がある事物を思いつくのは、実はすでに実相の世界において与えられているのであり、それは波動として宇宙に満ちており、この波動のうち、代表的なものを人はキャッチする仕組みになっているのです。**故に「天が下に新しきものなし」です。これらの「場」は、すべてある波動の影響下にあります。

私たちの人生全体が波動でもあります。もちろん私たちは、これらの波動をある程度まで自分から引き離したりもしますが、逆にそれを自分の中に採り入れ、自分のものにすることもできることが判り出すと、そうすることが全く自然の行為となってくるでしょう。

今では、ほとんどすべての発明家が、実はかつてすでに何らかの周波数の波動で記録されたものを、自分が改めて再記録、または引き出しているにすぎないことを理解しています。これまでに物になった書物にしても、すべてかつて波動として記録されたことがあるものです。また、およそ口から出た言葉で消滅するものはありません。すべてはエネルギーの場、あるいは周波数と名づけられる場の中にあるのです。

無我の心で病を治す奉仕を続けるスー族のインディアン

「愛」はその周波数では、非常に「神」に近い言葉です。私たちはそれを利用して病気を癒した例をいくつも知っています。今までに知られている病気は、すべてこの愛を出せばその力に負けてしまうものです。愛はまた、その人の周囲に極めて顕著な形のオーラを築くので、愛を出している場合はほとんどそれと判るほどです。それはちょうど、防護服のようなものです。

医者をしている私の友人の一人が、ずっと前にスー族インディアン保護地区の戸籍官に任じられたことがありますが、そこへ私が訪問した時のこと、彼がその部族のいわゆる祈《き》禱《とう》師《し》のやるテストを見るように勧めてくれたことがあります。その祈禱師に会ってみると、普通の祈禱師とは違うところがありました。というのは、彼はかつて家を出て5年間も瞑想にふけったことがあり、瞑想から出た時には、もう病を癒せるようになっていたのです。

彼は、まずゆっくりと第一のテストを始めました。鍋の中の煮えたぎっているお湯に片手を入れて、その中からひときれの肉を取り出しました。ところが手はなんともないのです。そのあと、私はこの男性と2ヶ月以上も付き合っていますが、その間全くどこもなんともありませんでした。

二番目のテストでは、彼の種族の中で一番優秀な狙撃手3人に銃を渡し、3人の前に一定の距離をおいて静かに立ちます。N博士と私が弾倉から前の弾丸を抜き取り、弾丸の中の火薬も抜き出し、新しい火薬と詰め替えてイカサマができないようにしました。ところが、狙いうちに発射されたこの新しい弾丸が、この男の胸の上でペシャンコになってしまいました。私は、このつぶれて平たくなった弾丸のうち、2発を今でもずっと持っています。

この男が、自分の小さな三角テント小屋の中に座を占めると、さまざまな病人や体が不自由な人が彼のもとにやってきては、完全に癒されて帰るのでした。私たちはそれを度々目撃しています。私は彼と親しくなり、彼のやり方を訊ねたところ、私たち西欧人が神の愛を表現する場合の方法と同じであると答えてくれました、彼はまだ生きており、その偉大な病気治しの業を続けています。しかし、新聞雑誌に彼のことが出ることは決してありません。その生活は全くの隠遁《いんとん》生活で、決して自分を語ることはありません。「能《あた》うかぎりの愛を人々に与えるのが、人生における私の役割です」と、この人は語っています。皆さん、黙々と無我の心で神の愛による本当の奉仕をし、しかも人に滅多に知られずにいるスー族インディアンが一人いるのです。

地上から40～50㎝ほどのクローバー畑の上を歩く少女

また、数年前テキサスで、年はわずか5歳にすぎませんが、生まれながらの愛による神癒家の少女の噂を聞いたので、彼女に会いに行ったことがあります。母親の話では、この少女は誰に対しても、いつも「私、あなたを愛しています」と言うし、「みんなの周りにも、私の周りにも愛が見える」とよく言うそうで、病人がいると聞くと、その人の所へ連れていってくれと母親に頼み、病人の部屋に連れられて入ると、ほとんどその瞬間に病人がベッドから起き上がり、完全に治ってしまうのでした。この娘はどんどん成長して、今では偉大な業を為しつつあります。

こうした例は、他にもたくさんあります。オランダにある一人の少女がいます。オランダには赤いクローバーが生えていて、地面から40～50㎝程度の高さに伸びて美しい花を咲かせますが、それがちょうど農家の玄関の高さくらいなんです。ある日曜日の午後、その少女を訪ねて行って、少女と二人で正面玄関に坐っていましたが、そのうちこの少女はクローバーの生えている野原に出て行くと、なんとクローバーのまさしく頭の上を渡って行くではありませんか。足が全く地面につかないのです。それでいて、当たり前に歩みを運んでおり、今度は向きを変えて戻り、また玄関に下りてきたのです。

どうしてそんなことができるようになったのかと聞くと、「判りません、私はただ皆に愛を与えているだけなんです。私はあのクローバーを愛しています。すると、クローバーが私を上に挙げてくれるのです」と、答えました。調べてみると、事実その通りでした。彼女は自分の遊び友達のこともいろいろ話してくれましたが、彼らにも「愛している」と言うし、また彼らも彼女を愛していたので、彼女の遊び友達には、病気やその他の変事等は起こりませんでした。私はこの娘が21歳になるまで付き合って知っていましたが、21歳頃にベルギーに移り、それから消息が絶えてしまいました。彼女の父が私に語ったところでは、彼女の使う言葉は誰に対してもただ「愛する」ということだけだったそうです。

光が菩提樹を包み、折れた腕がひとりでに治ってしまった

私がスペインにいる時、世界でも一番大きな銅山の一つとして数えられている鉱山に、あるロシア人の家族が移ってきましたが、その中に11歳になる少女がいて、父親はその鉱山で働いていました。その子供はいわゆる「触って治す力」があるという評判でした。彼女は病人に手を置いて、「私はあなたを愛しています。私はあなたを大変愛しています。ですから、あなたの病気はもう無くなりました、消えました。消えたあとを、私が愛で一杯にしておきました」と言うのです。その噂は事実でした。

ある体の不自由な少年は、完全に癒されました。てんかんのほとんど末期にある人を見たことがありますが、彼女がこの人に片手を置いて、「あなたの身体は愛で満たされています。そして、ただ光だけです」と言うと、3分も経たないうちに、その悪疾は完全に無くなりました。彼女の全存在から発する光と愛は、私たちが実際にそれを見、それに触れることができたほど極めて強烈なものでした。

私がまだ子供の頃、インドのコカナダにある自宅のすぐ外で、数人の子供たちと遊んでいたことがあります。そのうち日が暮れたかと思うと、夜の闇がつるべ落しに近づいてきました、その土地では、黄昏時《たそがれどき》というものがありません。ところが、遊び仲間のうちの一人の少年が一本の棒切れを拾い上げると、突然私の腕を横に払ったので、骨が2本とも折れて、手が後ろに曲がってしまいました。もちろん、初めはおそろしく痛かったです。しかし、やがて私は先生から前に教えられていた、ある言葉を思い出しました。それは「暗き所に行き、汝の手を神の手に委ねよ、そは一筋の光よりは良く、既知の手立てよりは安全なるが故なり」という言葉です。すると、光が私を取り巻いたかと思うと、ほとんどその瞬間に痛みが完全に消えてしまったのです。

私は一人になろうと思って大きな菩提樹に登りましたが、それでもその光は私を取り巻き続けていました。私はそれを神の臨在と思って見つめていました。そういう風にして樹の中に一人で坐っていると、何と手がひとりでに治ってしまったのです。私にとって忘れられない思い出です。私は一晩中、樹の中にいました。翌朝になると、折れた2本の骨の周りが一部分少し盛り上がっただけで、あとはもう何ら骨折の跡形もありませんでした。一方私の両親は、私がいつも通り召使いたちに世話されながら寝ていたものと思ったらしく、私がいきさつを話しても本気にせず、すぐ医者のところに私を引っ張って行きました。医者は「一応骨が折れはしたけれども、今では完全につながっている」と言ってくれました。その日以来、今日に至るまで、私は手のことで困ったことは一度もありません。

このような実例のうち、以上の数件だけを引用しましたが、いずれもその方法は極めて単純で、自然です。従って、誰にでもできることです。私は建物自体までが会衆の注ぐ愛に反応するのを見たこともあります。

「愛は天国の黄金の門」――私たちの語る言葉、起こす想念、感情がすべて

不滅の釈迦が言われたように、「真実の神の愛の実現に5分間を割くことは、貧しい人々に千碗の食糧を施すよりも偉大である。なぜなら、愛を与えることによって、宇宙のあらゆる魂を助けることになるからである」。

結局、帰着するところは、私たちの語る言葉であり、起こす想念であり、感情です。言葉は物です。想念も物です。想念のあるところに、すなわちあなたがあるのです。

私たちが、自分の想念や感情を訓練・統御して、積極的・建設的言葉のみを用いることにし、神の愛を出すなら、私たちの肉体と心は、正義（すなわち心や言葉などの「正しい用い方」）に応じて、正しい働き方をするようになるのです。言葉の正しい選択と使用は極めて重大ですが、同様に重大なのが、その言葉の背後にある感情です。なぜなら、感情は言葉を生かす原動力だからです。

これこそが、神の愛の入る場所なのです。と言っても、無暗《むやみ》やたらと「愛、愛、愛」と言いながら歩き廻りなさい」、というのではありません。言葉をひとたび感情やヴィジョンや確信を込め寛容をもって話すなら、直ちに法則が発動して、それを実現させるのです。「あなたがたが話す前に私は答えている」と聖書にあるように、結果はすでに実相界に実存しているのです。仏陀の言葉を借りて言えば、「愛を用いよ、愛に一心集中し、朝も昼も夜も、愛をもって自らを持せよ。座って食事を摂るにも、愛を用い、愛を思い、愛を感じよ。そうすれば汝の食物の慈味は一層深きものとなるであろう」。

仏陀が説いた珠玉のような教えには、これまで活字となっていないものが数多くあります。詩人タゴールはそれを多数、彼の著作の中で活用しました。タゴールは愛を用い、愛を表現する方法を教わっている人でした。彼は愛を知っていました。彼は愛そのものでした。彼は現に愛そのものです。

「愛はありとあらゆるもののうち、この上なく大切なものである。それは天国の黄金の門である。愛についての理解が深まるように祈るがよい。毎日愛についての瞑想を為せ。愛は恐怖を追い出す。愛は律法の完成である。愛は無数の罪を征服する。愛は不屈である。愛はすべてに勝利する。豊かなる愛によって癒えざる病はなく、今日、豊かなる愛によって癒えざる病はない。豊かなる愛によって開かれざる扉はなく、橋渡しできない溝はなく、倒れざる壁はなく、贖《あがな》い得ざる罪はない」（『無知の雲』より）。

甲状腺に一心集中して、免疫力を意識的にコントロールする方法

【質疑応答】

Q 私はインドで7、8年間暮したことのある医者を知っていますが、彼はアメリカに帰国すると州医師会に挑戦しました。毒性の最も強いチフス菌やその他の菌の入った試験管を持って来させて、一群の若者たちを殺せるだけの量を飲んでしまったのに、なんともありませんでした。後で判ったことですが、甲状腺の意識的なコントロールだったんですね。明らかに免疫機構をコントロールしたわけです。

A そうです。どんな病気にでも免疫をつけられるものです。

Q 甲状腺を意識的にコントロールすれば、どういうカラクリによって、細菌の災害防御に極めて重要な酸に影響を与えるのですか？

A 甲状腺を意識的にコントロールすると、酸の分泌や濃度が大幅にコントロールされます。この甲状腺はほとんど無制限に酸を制御したり刺激したりできます。自分た

ちにバクテリアのコントロールができるのは、やはりこの理由によるのだとある数名のインド人たちが話すのを聞いたことがあります。

酸はバクテリアを簡単に殺してしまいます。甲状腺はある種の訓練で刺激され、その方法はそれに精通している人から授からなければなりませんが、結局は甲状腺を刺激して適量の液を出すことに帰着します。

Q 副甲状腺も何か役に立ちますか？

A 役に立ちます。副甲状腺は非常に素晴らしい附属器官で、カルシウムや石灰の同化作用を統御するものです。これを刺激することによって、カルシウムを組織の中に摂り入れて、例えば何時でも新しい歯並みにしてしまうことができます。

Q どうやって刺激するんですか？

A その刺激方法の中の重要な要素は、ある霊的力によって甲状腺に一心集中することで、結局はそれがポイントです。

Q それは呼吸の統御と酸化作用の分野に入るのですか？

A 呼吸法には霊的な面も伴わなければなりません。つまり霊的なものを適用して想念の訓練をすることです。

Q 一心集中というと、甲状腺が完全に働いていると心の中で描くことですか？

A そうです、完全な秩序と完全な調和のうちにです。

Q 姿勢と呼吸の訓練をすることによって、呼吸と甲状腺と酸化作用との間に、何かはっきりしたつながりが出てくるのではありませんか？

A 出てきます。姿勢や呼吸法の訓練をさせるのもそのためであって、つまりは肉体のあらゆる営みをすべて霊の影響下におくためです。しかしながら、その面の教師で弟子たちに霊的な活動、つまり霊的考えを実地に行動に移させる教育をしないで、こういう姿勢や呼吸法の訓練を授ける者はいません。こういう訓練によって、ようやくある種の霊的影響を受けるようになり、それによってほとんど瞬間的に霊的機能を盛んに働かせることのできる人もたくさんいます。

Q　副腎の方はどうですか？

A　副腎は血圧と関係があります、甲状腺は、その他全部をコントロールするわけです。甲状腺は脳下垂体によって、脳下垂体は松果腺によってコントロールされます。キリストが言ったように、幼児《おさなご》のように、松果腺が目覚めていなければならないのもそのためです。

大人を検屍してみると、松果腺が広範囲にわたって麻痺しているのが判ります。そうなると、私たちは天国から締め出しを食うのです。松果腺は内分泌全体を司《つかさど》る最も重要な中枢であって、肉体の主、すなわち肉体のI AMなのです。

Q　そうした内分泌腺の働きの促進について、プラーナと呼吸法の観点から論じられる大師方はいませんか？

A　プラーナを受けている時は、すなわち霊的働きを受けているのであるというのが大師方の態度です。大師方のお話は、やはりすぐ霊的働きのことに戻ってきます。

この霊的働きはそれ自体が最大の活動であると同時にまた、活動させるものです。

それは「若いという思いを起こさせるものだ」と強調しています。若いという自覚があると、脳下垂体と松果腺がすぐに活動しだすものです。

Q そういったことを考えると、イエスは弟子たちに内分泌を働かせる方法をハッキリと教えたはずだとは思いませんか？

A 思いますね。キリスト的方法、すなわち、愛の実践を通じてです。イエスは、「もし人が幼児のようになるならば、天国に入るであろう」と、打てば響くように言ったのです。

Q 現代の生化学の奇跡的現象を発見しつつある物質科学者は、大師方からインスピレーションを受けているのでしょうか？

A その通りです。これらの科学者を通じて人類の利益のために、人類に対して、御業《みわざ》が為されつつあるのです。

第7章

実在／我が内に在る神の自覚

否定的な言葉・感情・状態は、私たちが与えないかぎり、いかなる力も持っていない

インド人はこう言っています。「もし神が身を隠そうと思うとすれば、きっと人間を選んで、その中に隠れてしまうだろう」。しかし、人は自分自身の中に神を見出そうとしないのです。

今の人類は、大部分がしきりに何かあるものに成ろうとしていますが、実はそれが、すでに他ならぬ自分の中に在るのに気付かないのは残念です。私たちは無数の講義や集会やグループに出席してみたり、たくさんの先生や人物や指導者たちに頼ってみたりして、至る所で自分自身の外に神を探し求めています。しかし、**神は常に自らの内にこそ実在するのです。もし人類が「成ろう」とする試みを捨て、「すでに成っている」ことを受け容れるならば、遠からずして実在を完全に自覚するようになるでしょう。**

他の者とは違った特別な人間というのは存在せず、一人ひとりが神なる実在であって、神のあらゆる属性と資格が潜在していることを、イエスは幾度となく私たちに言い聞かせてくださいました。

ところが、私たちの方では、イエスを私たち自身とは別の範疇《はんちゅう》の方だとみなして、長い間イエスを祭り上げてきたのです。しかし、イエスは決して別種の方ではありません。また、御自身でもそう主張したことは決してありません。イエスは常に人類を援助して、廻っています。イエスは私たち同様神秘的人物ではありませんし、また自分でも奇跡を演じ得るなどとは、おくびにも出してはいません。イエスの御業は奇跡ではありませんでした。それは自然法則の成就にすぎなかったのです。そのことは、現在、証明もされています。それは誰でも法則を満たせば現れてくる自然現象だったのです。

私たちを翻弄するいわゆる困窮は、すべて克服することができます。私たちがその窮情を心で放下してしまえば、その瞬間にそれは存在しなくなるのです。このことは、多くの人々には信じ難いように思われるかもしれませんが、絶対的事実です。困窮というのは、自らの心を過《よぎ》る想念で、自分自身に招き寄せているものです。

仮にそういう否定的な想念や言葉が自分には全くなく、また聞いたこともなく、私たちの語彙や世界にも存在しないと想像してみましょう。事実、否定的な言葉など一語もなく、過去や未来を表す言葉も全くなく、全語彙が今、ここにおいて完成していることを表す言語が現在4種あります。この事実を理解し、かつ容認するならば、私たちは、否定的状態から間もなく脱却するようになるはずです。

私たちは物事に名称をつけます。ところがその場合、感情がくっついているものです。感情には力がこもっています。従って、**否定的な言葉・感情・状態には、私たちが与えない限り、それ自身としてはいかなる力も絶対にありません。私たちの方でそれにエネルギーを補給するのをやめてしまえば、途端にそれは生命を失い、やがて消滅してしまうのです。**

聖書はその中に「神」という言葉があるために今日まで存続してきていることを、私たちは決定的に証明しました。聖書は現在、世界のあらゆる書籍のうち、最大の売り上げを続けています。それでは、神というこの言葉が無生物である書物でも存続させるのであれば、私たちがこの言葉を使用するならば、私たちの肉体全体は一体どういうことになるでしょうか？　といっても、何も「神・神」と喋り散らす必要はありません。ただこの言葉を明確な真摯なる意図をもって、かつその実現にふさわしい心境で一度出しさえすれば、後は繰り返す必要はないのです。

なぜでしょうか？　あなたはすでにその音域に入っているのであり、あなたの発した言葉はやがて、一つひとつ反応を受けてゆくからです。これが聖書の存続している理由であり、また私たちの肉体が存続している理由の一つです。ですから、私たちはこの一語のみを強調してやっていけばよいのです。次に重要なことは、そんなことがあるものかなどと否定しないで、自分の言ったことが実現するまで積極的に頑張ることです。

人間の最大の誤りは、本来そのまま神であるのに、これから神に成るのだと教えられたこと

インドには、空中に両手を挙げて「オーム・マニ・ペーメ・オーム」と言いながら歩く行者がいますが、そのうちに手が空中で伸びてしまって降ろせなくなってしまいます。私たちの場合も、やみくもに「神様神様」と言いながら走り廻るのでは、同じことになってしまいます。私たちは言葉を考えることもできるし、その言葉が借物ではなく、自分から出た言葉であることもはっきりと知っていますし、実相においては、自分が成りたいと望んでいるものにすでに成っていることも知っています。してみると、それを幾度も繰り返す必要はないのです。いったん言葉に出した以上、すでに言葉通りのものになっているのです。

人間の最大の誤りは、何もしなくても、本来そのままで神であるのに、これから神に成ろうとすることであると教えられています。人間は自分の中にすでに在るとは知らずに神

を探し求めて来ました。しかし、本当のところは、成ろうと「努力すべき」ではなく、「そのままですでにそうである」のです。私たちは「すでにそうである」のだから、それをはっきり「当然として、主張すべき」なのです。

皆さんが、もしこのことが心からは信じられないというのであれば、ある期間、例えば2週間ほど試してみてください。神という言葉を一度だけ言って、神の何たるかを知り、そのまま経過すれば、すでに本当は神に成っているのです。神はすでにあなたのものであり、思いのままに命令する力は、すでにあなたのものなのであります。

天国とは、至る所に実在する「調和」のことであって、それは一人ひとりの中にあり、まさしく自分の今いる所が天国なのです。人間には自由意志があって、自分の想念と感情によって、地獄を造ろうと思えば、何も苦心するまでもありません。しかし、地獄を造り出そうとして費やしている時間を今、ここ、天国の顕現に使用するなら、その通り天国は現存するでしょう。

従って、まず第一に、常に我が内に在る神を知ることです。これこそが、全人類への最大の福音なのです。他の人を見ることを、己を見るが如くにするのです。すなわち、あらゆる人々の姿にキリストを見ることです。このことは実に、私たちの最大の特権なのです。それだけでなく、私たちの会う人、知る人ことごとくキリストと観じることは、自分自身に対する最大の修練でもあります。

人間は嵐を制御し、自然をコントロールできる存在

あらゆる仲間の中にあなたがいることは、すぐに理解されます。そして、それが実に驚嘆すべきものであることを知るでしょう。あなたは間もなく、すべての人々の中にあるキリストを悟り、受け容れるようになるでしょう。常に、私たちはキリストの顕れである点で同じなのです。

否定的な言葉や考え、感情のことにもう一度触れますが、仲間でクラブをつくり、あらゆる種類の交通機関に乗って幾万マイル（3万〜5万㎞）も旅行をしていながら、一度も

事故に遭ったことのない人々を私は2500人も知っています。その大部分がアメリカに住んでいて、そのクラブもアメリカで始まったのです。それを始めたのは4人の人間です。

皆さんは本来、嵐を制御しているのです。空中状態をコントロールしているのです。皆さん一人ひとりが全部そうなのです。また種類の如何《いかん》を問わず、すべての自然力をコントロールしているのです。皆さんがその主であり、またその主となるのが、皆さんの運命なのです。そうであるにもかかわらず、私たちは、自然に「支配され」、さまざまな状態や環境に隷属してしまっています。この部屋にいる皆さんにしても、超然として自分こそが主であると悟ることによって、ただそれだけで生起するあらゆる事態を克服できるのであって、できないという人は、本来一人もいないのです。

こういうことに、動物は非常に敏感なものです。動物は皆さんが親切な思いをかけると、それに応えるものです。他のものに対する親切な想念も判ります。特に犬は感情に敏感なものです。

私たちは、アラスカで郵便配達のために1100匹を上回る犬を保有し、長い間、郵便配達のコースを維持したことがあります。飛行機に取って代わられるまでは1100を超える数の犬を飼っていましたが、私たちは皆、鞭《むち》を一切使わないまでになったのです。人間の方から犬の気持をかき乱さないかぎり、これだけの数の犬がいつまでも従順でした。

私たちは犬たちと共に、距離にして1800マイル（約2900㎞）のこのコースを9回辿りましたが、犬を取り替えたのはたったの一度きりで、それでいて犬たちはまさに快調そのもので仕事をやり抜いてくれました。皆にその秘訣《ひけつ》を聞かれるのですが、私はただ犬たちに任せて、たまにせかせたり、「皆元気だね」と声をかけたり、「うまくいっているぞ」などと言うだけです。この秘訣を聞いた他の人もその通りやってみたら、結果はそれ以前とは大違いでした。動物は、恐れたり虐待したりしなければ、素晴らしい反応をするものです。

一語でも否定的な言葉を使えば、その度に「内在のキリスト」を裏切ることになる

私たちが一語でも否定的な言葉を使った瞬間に、私たちは肉体の営みを維持しているエネルギーを取り去ってしまいます。そして自己催眠にかかってしまい、そのような否定的状態を厳然たる事実だと信じ込み、さらにこの自己催眠の結果、否定的な言葉を幾度となく繰り返す羽目になってしまいます。私たちが、もうそれ以上否定的な考え方によって催眠されるのをやめ、否定的な考え方の繰り返しや、否定的な考え方自体さえも拒否するならば、すべての否定的状態は完全に私たちの世界から姿を消すのです。

もし私たちが、年をとったとか、視力が弱くなったとか、その他、身体が不完全だなどといった考えを捨て去るなら、そのような否定的状態は、私たちの身体には現れてこないでしょう。私たちの身体は、四六時中更新しているのであって、それは本当に「生まれ変わり」なのです。この生まれ変わりは、全人類に9ヶ月ごとに起こります。

私たちはこの肉体細胞に、私たち自身の想念、私たち自身の感情、私たち自身の言葉を刻印しているのです。私たちは完全に自分で自分を裏切っているのです。言葉は簡単ですが、「できない」と言う度ごとに、内在のキリスト（即神我）を裏切っているのです。一語でも否定的な言葉を出せば、その度ごとに内在のキリストを裏切っているのです。だから私たちは各瞬間ごとに実相・神我を崇《あが》め、讃美し、その働きの故にまた肉体を祝福し、私たちの受けている無数の祝福を讃《たた》え、感謝し、法則の化身となろうではありませんか。

仏陀は「イエスは悟りそのものである」と言った

【質疑応答】

Q インド人はイエスを仏陀と比較してどう見ていますか？

A 仏陀は悟りへの道で、「イエスは悟りそのものである」と言っています。

Q 心をいつも理想に向け続けるのはなかなか難しいのですが、どうしてでしょうか？

A それは、私たちが東洋人のように、明確な訓練を受けていないからです。東洋では、子供でさえそういう訓練を受けています。いったん、ある理想を掲げたら、それが完全に実現するまで貫き通せと教えられています。ところが、西洋での方法はいくらか違っています。

どんな想念も出しっ放しにして、自分の力を散漫にさせてしまっています。もし何かの理想を持ち、本当にその理想を信じているのなら、それを自分だけで持ち続けて、完全に具体化するまでは、他人にその話をしてはいけないのです。常に雑念を払い、自分が成就したいと思うことに対してではなく、成就しなければならない一事のみを堅持するのです。そうして初めて、雑念はなくなるものです。

それ以外の想念を入り込ませると、いわゆる「二心」になってしまいます。この、ただ一つの理想にエネルギーを出すことによって「一心」になるのです。しかし、そのために型にはまったり、「単線」（＝偏執狂）になったりすることはないはずです。

というのは、この一つの理想に全力を向け、力を他に散らさないようにすれば、自分の理想について一瞬間以上の長きにわたって語る必要はないからです。それから先は、ただすでに実相において、それが今、ここに実現していることを感謝していればよいのです。

Q あなたは直接イエスを拝し、握手さえ交わしたと判断してもよろしいですか？

A その通り。その上、多くのいわゆる大師方ともです。こういう方々は、御自分が一般人と違っているなどとはおっしゃいません。インドでは、苦力《クーリー》でさえもナザレのイエスを見分け得るのです。それには何の不思議もないわけで、イエスは、全身から大きな後光が射してはいますが、普通の人間の姿に描かれているからです。この人たちには、何一つとして曖昧な考え方はなく、すべてにおいて非常にはっきりしていて、活き活きとした人たちです。

Q インドの苦力までがイエスを拝するなんて、どうしてでしょうか？

A イエスが今なお生きていることを、苦力たちは受け容れ、その信念をもって生活しているのに、私たち西洋人はそれを信じもしなければ、受け容れもしない状態で暮しているからです。私自身にしてもなんら霊視力はありません。

しかし、私たちが完全に原理に立脚して物事に対処するなら、別に霊能はなくても誤ることは決してありません。顕在意識による思考や推理を超えた直観は、誤ることなく事に当たる上での一つの要素ではありますが、私たちはそれを顕在意識でも、「原理がこうこうだから、それはこうこうになるのだ」と、「判る」ようにしなければなりません。

Q イエスはたまにはアメリカに現れてもよさそうなのに、なぜそうなさらないのですか?

A イエスは御自分を一地方に限定していません、しかし、インドでしていらっしゃるように、アメリカでも働かれていることは、疑問の余地がありません。

Q イエスは十字架上で肉体的に苦しまれたのでしょうか?

A いいえ。あのような高度の悟りを開かれた方が肉体的に苦しむことはあり得ません。イエスがもしあんな経験をしたくなければ、自分に向けられた磔刑《たっけい》の陰謀・憎悪等のエネルギーを、磔刑を企んだ連中に返すこともできたはずです。しかし、イエスはそうはなさらずに、神の子たちの歩むべき道を示されたのです。

Q イエスは磔刑の後でこの地上に数年はいたのでしょうか？

A イエスは御自分の肉体から出て行かれたのではありません。イエスは今なお、その時の肉体のままで生きています。誰でもイエスに接する人には、イエスの肉の身体を見ることができます。

Q すると、ナザレのイエスと言われる特定の個人がこのアメリカに現れたことがあるというわけですか？

A その通りです。もっとも当然のことですが、「ナザレのイエス」とお名前をお呼びしなければ現れはしないでしょう。

Q あなたが大師方の教えを伝えることができるのは、何かある特別な配慮のおかげなのですか？

A 私があなたがた自身以上に、何らかの特権を与えられることは決してありません。

大師に「アメリカにも大師方がいますか?」と尋ねたところ、「アメリカには1億5000万人の大師がいる」との答えでした。

Q 私たちがイエスの助けを必要とする時は、ここにでも現れてくださるでしょうか?

A イエスの助けが必要なところには、いつでも現れます。イエスが、「見よ、私はいつでもあなた方と共にいる」と言ったのは、まさしくそのことだったのです。

Q キリストとは「生命の原理」という意味ですか?

A 銘々の中を流れる「神なる原理」のことです。

第8章

死の克服／肉体は不滅・純粋・完全かつ破壊し得ざるもの

パラマハンサ・ヨガナンダの肉体は、死後24日たっても腐らずに生前そのままの姿だった

『死せるヨーガ行者、今なお生きる』とは、カリフォルニア州ロサンゼルスにある「真我実現の会」の創立者、パラマハンサ・ヨガナンダの逝去を報じたロサンゼルスの各新聞の見出しでした。

新聞の記事にはこうあります。「パラマハンサ・ヨガナンダの遺体は、この地の本部に静かに横わっている。遺体安置所の係官たちは、本日故人について驚くべきことを発表した。氏の肉体は死後24日にもなるが、専門的立場から見れば、まだ死んではいないという。ビルトモア・ホテルでスピーチをしているうちに急逝した故人の遺体は、青銅の棺に納められた後に密封され、3月7日から同27日まで、毎日係官たちの観察下に安置されていたと、遺体安置所長は断言している。『パラマハンサ・ヨガナンダの遺体に、視覚的に何ら腐敗の徴候がないのは、私たちの経験上最も異常な例である』と、遺体安置所長は公証書

の中で述べている」

ヨガナンダの遺体については、これは何も奇跡ではありません。私たちは何でも600年もの間動きを止めたまま横わっているという人体を見たことがあります。私の曾祖父も、ずいぶん前にそういう人体を一つ見ています。それはちょうど今のカシミールとパキスタンの国境線の北にあり、今でもずっとそこにあります。その行為はもちろんインドで惹起されたいろいろな事件、初めは回教徒のインド国内侵入、次には幼児婚姻制度、さらにインドに根深いカースト制の押付けなどへの抗議として為されたもので、それ以来ずっとそこにあるわけです。

私が見てからでも、かれこれ14年になりますが、私は第一次世界大戦の時、ずっとその近くにいたものです。ちょうどその頃、この地方の北にある山脈で約200名の英国兵が敵の罠《わな》にかかってとじ込められたので、パキスタン国内を安全に脱出しようと企てていました。結局、インド国内にやっと入ったのですが、その時に彼らもこの人体を見たのです。

隊長の大尉はインドで永年過ごした人だけあってインド人を大変尊敬し、インド人もまた大尉を尊敬していました。それで大尉は部下たちに、「もしこの人体を見たければ、ここで隊を一時休憩して見せてもよいが、絶対にその人体には触れぬこと。土地の人々の気持を尊重して触れぬと誓うこと」などを注意しました。この兵隊たち以外にも、普段からこの肉体を見に来る人があまりに多過ぎるため、人体の横わっている場所にある天蓋《てんがい》の周りの敷石が磨滅しているほどです。

兵士一同が見終ると、部隊はそこから少し前進して夜営のキャンプを張ることになりました。キャンプの準備が終ると、ある軍曹が隊長に外出の許可を求めてきました（この話は私が隊長から直接聞いたものです）。隊長は軍曹にこう言いました。

「わしにはお前の目論んでいることが判っている。お前は例の人体に触ってみたいんだろう。いいか、お前がそれに触らぬと誓わない限り、わしはお前の申請を認めん」

そこで軍曹は誓いを立ててようやく外出許可をもらい、例の人体を見に出かけました。その頃の将校たちは、小さな通称乗馬鞭を持ち歩いたものですが、軍曹はその人体のところに寄り、その乗馬鞭で触ろうとしたところ、卒倒してそのまま即死してしまいました。

大尉が人にこの話を打明けたのは、私が初めてでした。

もちろんこの話を聞いた時、最初私に閃いたのは、誰かがその場の様子をうかがっていて、復讐のために軍曹を撃ったのではないかということでしたが、大尉の話では、大尉自身すぐそこへ駆けつけて軍曹の死体を丹念に調べましたが、それらしい痕はなかったそうです。この事件はすぐにロンドンの陸軍省に報告されたので、今でも記録に残っているはずです。

死の状態についての実験／病人の肉体から生命素が出ていく

話は変わりますが、私たちは実験室でいわゆる死の状態について、実験をやってみました。このテストは私たちが考え出したものではありませんが、とにかく一台のカメラごとに一秒間で数千回の露出を行っての実験です。これによって、急速に動く一個の光点に一個の像を結ばせます。撮影を済ませたフィルムには無数の光点の集団が現れ、それから完全な像ができ上がります。次に、これを大きく拡大して再生し、こんどは倍率を落として普通のスクリーンにかけられるようにすると撮影ができて、一個の生命素の完全な形が現れてきます。

後数時間の寿命しかないと自分でも覚悟している病人たちが、相当私たちの許へやってきて、観察の対象になることを申し入れてきましたが、そういう場合、まず担当医師が普通いわゆる死の起きた時間を本人が死んでから調べます。その体重を量ってみると約11オンス（約312g）減っていることが秤《はかり》の上に現れます。その時秤の真上に死体から出た光の放射体が見えます。

この生命素には、智慧と運動と意志があって、これに干渉するとスルリと抜けて、まっすぐ上に上昇します。天井を突き抜けて上がります。私たちは4台のカメラを別々に据えて、それを調べてみました。床の上に置いてあるカメラに生命が写らなくなると、上のカメラに現れ、まだエネルギーを放射している証拠がはっきりします。そこでもう一度干渉すると、横に動き、放射体は壁を突き抜け、こちら側のカメラに写らなくても向う側のカメラが捕捉します。

そこで私たちは、生命素が逃げないようにするために、アルミニウムと鉛の箔でできた円錐形の干渉函を作って、死体の上にかぶせてみることにしました。すると干渉函を置いて1分もたたない内に、死体が生き返っています。ところが生き返ってみると、もとの肉体には前の病気の様子は全然なくなって、明らかにその病気には免疫になっています。しかし、その理由は判りません。

現在、あるグループがこの実験をしていますが、その将来に期待している次第です。いずれその時には、生命素が大きなエネルギーを持っているのは、肉体に戻ってきた場合、肉体更新するためであることが明らかになるでしょう。先ほど話した死から蘇った3人は、実は皆ペスト患者でした。そのうち一人は、自分が免疫になったことを示すために、今ではペスト関係の仕事に携わって出歩いています。もう一人は、ペストを恐れているため、外出を強く勧めたことはありませんが、生き返ってから7年もたった現在、まだ再感染したことはありません。3番目の男性は、私たちの仕事に全く理解がないので、これはもうどうしようもありません。

この生命素が病人の肉体から出て行く前には、波動が低くなって肉体内にとどまっていられなくなり、やがて完全に押し出されてしまいます。しかし、それでも生命素とともに創造された時の意志があるので、押し出される時にエネルギーを同化し始めます。こうして極めて短時間の内に、どういう状態下でも、新しい身体の形をとることができます。以上が間違いのない事実だと断言はしかねますが、死後2時間から3時間後にはたくさんの身体が新しく組み立て直されるものと信じています。

死とは自分が招き寄せた一つの状態にすぎない

前述の、600年もの間動きを止めたまま横わっている人体のことですが、肉体に宿っていた本人の霊が別の肉体に宿って盛んに活動している話をある人から聞いたので、私たちは2番目のものとされている肉体を持って生きているその現場をようやく探しあてて、彼の写真を撮り、停止しているほうの身体の写真と比べたところ、寸分違わずソックリでした。

この霊の、さらに別の肉体も見ました。結局、私たちは彼の肉体を別々に4つも見つけたことになります。ところが、インドには自分の肉体を別の場所に、普通の人よりもずっと速く移動させることができる人がたくさんいることをかねがね知っていたので、私たちは、外部から何らかの形で影響を受ける可能性のない男性を4名選び、それぞれカメラを持ちだして、正確に同時刻に同一人の別々の肉体を撮影する手はずを整えました。こうしてでき上がった写真を一緒に突き合わせてみると、4つの肉体と活動停止状態のまま横わっている肉体とは全く一致していました。

私たちは、肉体は組み立て直せるものだと、幾度も聞かされてきています。仮にある人の寿命が尽きて死の状態がやってきても、死体はそのままにしておいて、すぐに新しい肉体を組み立て直すこともできるわけです。

従って、死の関門を通ることに対しては、私たちは、今までとは違った考え方をしなければならない理由がこれでも判ります。死とは、自分で自分自身に招き寄せた一つの状態であるため、さらに私たちは、より大きな可能性のあるもっと素晴らしい状態に入ることもできるのです。

老齢を終着駅とすることなく、若さ・美・純粋・完全を崇拝するなら、その通りになる

人は「自分が崇拝するものになる」と、イエスは度々私たちに教えてくださいました。もし私たちが何らかの「限られた状態」に入り込んでいるとすれば、私たちは限定を崇拝しているわけです。しかし、完全を崇拝し得ない人間は一人もいないため、完全を崇拝することによって制約から抜け出せるのです。

現在では、人間の身体は、本来はどのような状態にも抵抗し得るものだといわれています。もし私たちが、自分の想念を神なる原理に向けて動揺することがなければ、私たちは自分の周囲にある力を発動し、さらにそれを強化して、何ものにも侵されないようにすることができるのです。

あらゆる種類の完全なる状態が、常に存在し、常に生動しています。それと一体になれば、直ちにそれは作動し始めます。人間の身体から光が放射されているのを、私たちはたくさん見ています。その場合、これを撮影すると光が写真に現れます。光すなわち生命です。別の言い方をすれば、光は生命が存在し得る媒体です。

もし私たちがこれまでのように、老齢を終着駅とすることなく、若さをもって目標とし、断固とした積極的態度でこの目標に向って前進するならば、青春を再現することができるでしょう。今日の男女は、永遠の若さを成就しつつあります。「人間がこれまで老年を崇拝してきたように、今度は迷うことなく若さ・美・純粋・完全を崇拝するならば、その通りになる。事実それ以外になりようはないのである」と、多くの東洋の哲人たちは言っています。

しかし、だからといって、決して老年をけなすわけではありません。人間を老化させる物の考え方をただ示しているだけです。人間を尊敬するのは結構ですが、人間に現れている老齢を尊敬するよりは、彼に現れている若さ・美・完全さの程度に応じて、彼を尊敬するほうが遥かによいのではないでしょうか。元来肉体は創造主の像に似せて造られたということになっていますが、理想はこの肉体にも当てはまるのであって、神性こそ人間の本質であると容認しても、肉体の上に若さと美しさと純粋さが実現しなければ、神性が充分に発現したことにはなりません。

私たちが肉体に押しつけている想念と感情こそが、老衰と病をつくり出している

だいたい人間は、勝手に自分でいろいろな状態を描き出しておいて、自分からそれに隷従しているものです。従って、考え方が間違っていれば、行動まで間違ってしまうこともあり得るわけです。しかしまた、「完全」に向って努力すれば、「完全」が出てくることは間違いありません。他のことはすべて忘れて、目的と一つにならない限り、人間は何事も成就し得ません。非常に簡単な内容のものに至っては、その実現すべき内容を断固として明確に言明するだけで、直ちに成就するものです。故にただ一点、ただ一方向あるのみで

す。自分の想念を、一瞬たりとも何か否定的な方向に歪めたりしてはなりません。

ただの一言も発しなくとも、多くの変化が生じ、癒しが行われること、すなわち否定的状態から積極的状態が出てくるのを、私たちは目撃しました。この事実は私たちにとって、積極的考え方と態度のあるところに、必ず原理は顕現するという証拠になりました。ただし、想念は確実に積極的でなければなりません。このようなことを自由自在に成就する力を表した方々が、いわゆる大師方です。そう言明する所以は、自然の諸勢力を支配しているからです。この方々は、完全な状態を何か稀な事象ででもあるかのような扱い方はしません。完全とは、自然の決めたことに従う、それも常に従うことによって達せられる自然の状態なのです。

この肉体は本来破壊し得ざるものです。それを私たちが勝手に破壊させているのです。**私たちが肉体に押しつけている想念と感情こそが、老衰・疾病・腐朽をつくり出しているのです**。肉体の細胞はすべて一年もたたないうちに更新されることは、今では周知の事実です。およそ人類に押しつけられた誤謬《ごびゅう》のうち、最も大いなるものの一つは、人間の定命を70歳としたことです。ところが私たちは齢2000年以上にも達する男女を知っています。2000年も生きられるのなら、永久に生きられるはずです。「最後に征服される敵は死である」とイエスが言ったのは、まさにこのことだったのです。

イエスは、天の父とは、人類が成就すべき原理であること、生命を生きなければならぬこと、イエスの行いと教えには、何ら神秘とすべきものがないことを教えられたのです。

イエスは死を克服した。この心理を悟って人間完成の極みへ

原理には変化があり得ません。そのつもりになれば、原理を故意に永久に見落とすこともできますが、原理に戻った瞬間に、人は完全な状態に戻ったことになります。そのどちらを選ぶか、選んだ結果はあなたの肉体が引き受けるのです。この原理を知り、かつ活用する人は、躊躇することなく水上でも歩行するでしょう。

ある一人の人間が努力の継続によってあることを成就し得たのであれば、誰にも同じこ

とができるものであると、あなたがたは度々聞いたはずです。その力は常に存在したし、またこれからも常に存在します。ところが実際には、その力が私たちから引き離されているのはなぜでしょう。私たちが不信の壁をつくりあげているからです。

機械装置を発明する力は、同時にまた、その装置がつくり出す状態を瞬時にして出現させ得るはずです。例えば、私たちは電話で遠距離を超えて話すことができます。しかし、何の仕掛もなしに遠距離を超えて話すことのできる人々もたくさんいます。テレパシーは、明確な事実として認められています。テレパシーには大いなる力が潜在しています。それは、神が神に語りかけることです。こんなことをいえば、神を冒瀆《ぼうとく》することだと言う人もたくさんいるでしょうが、実はそれは私たちが今生きていることと同様に事実なのです。人間は四六時中、積極的な雰囲気の中で生活したほうが遥かによいことを、人類は学び取らなければなりません。そうして初めて、人類は大いなる前進を遂げるでしょう。

以上は、私たちグループだけの結論ではありません。その他にも多くの人々やグループが、この結論に沿って働いています。以上の事実を活用すれば、完全な調和、完全な自他一体が実現されるでしょう。その時初めて、人間は完成の極みに達したことになります。

以上のことを人類全体が信じるか信じないかは、もはや問題ではありません。なぜなら、以上を証明する明々白々な事実が多く出ているからです。イエスが「私は死を克服した」と言ったのは真理です。幾千万もの人々が、真理を悟って、この肉体が不滅・純粋・完全かつ破壊し得ざるものであることを知るでしょう。もはや神秘とされたものは去り、私たちは今や完全なる覚知《かくち》の丘の上に立っているのです。

まず第一に、内なるキリストを呼びなさい。それは全宇宙に拡がって、求めるものは何でも自分のものとなる

【質疑応答】

Q 大師方以外で、老化と死を完全に超克した人を誰か知っていますか？

A 知っています。たくさんいます。しかし、あなた自身にもできるのです。それにはすでに超克していると悟ることです、そうすればその通りになります。年の頃は多分60歳くらいで、すでに白髪、見るからに老人臭かった者が、完全に逆戻りしたのを知っています。彼らは誕生日とか、年齢とかいうものなど、すべて考えることを捨ててしまい、今では40歳くらいにしか見えません。

Q 子供たちが学校にあがるようになると、学校ではああ教え、教会ではこう教え、家庭は家庭で真理なるものを教えるというわけで、まちまちになるのは、どうしたらよいでしょうか。子供たちは混乱しないでしょうか？

A 子供たちが真理を間違えないよう、混乱しないようにしてあげることができます。子供たちには、まず真理に関する非常に簡単な言葉から聞かせてあげれば、意味内容を呑み込んで、他の場合よりも深く理解するものです。例えば、「キリストはまさに自分の中に存在する」などです。

子供たちが、遂にはそれにどういう反応をするか見ものです。たいてい子供たちは、大方の大人が思っている以上に、大きな把握力を備えているものです。

Q あなたは第3巻の中で、もし私たちが自分のヴィジョンをもう少し高め、同時に意識を自分の内に向けるなら、私たちはイエスを本当に拝することができるようになるという意味のことを述べていますが。

A もちろんできます。しかもイエスを拝してみれば、イエスとはすなわちキリストであり、キリストは同時にまた自分が接するすべての人々の中、すべての場所に存在することが判るでしょう。

Q あなたは本当にイエスを見て、また話もしたのですか？ それともそれは心が造った幻影だったのですか？

A いえ、幻影ではありません。人間イエスは現に生きていて、私たちはちょうどあなたを写すように、イエスを写真で撮ることだってできるんです。

Q 人間は、本質的には霊的存在であって、常に光を求めてはいますが、あまりにも種々様々な信仰や教え、またそれらに対する反対の多い現代では、どうすれば本当の真理を見分けることができるでしょうか？

A 人間は霊そのものです。霊に対してどのような反対がつきつけられようと問題ではありません。実相人間は、常に不変のまま実在しているのです。それには反対もへったくれもありません。ただ人々の我の思いが反対しているだけです。

Q 私たちが助けを求め、キリストを呼べば、キリストが来て祈りを聞き給う、というのは本当ですか？

A そのことについては、キリストの言葉にこうあります、「内なるキリストを呼べ」と。キリストよりも、それがあなたに近いのです。それとはあなた自身、実相・神我のことです。ならば、内なるキリストを呼ぶことです。キリストはいつも人類全体と一緒に働いているのですから、新しくキリストを呼んだからといって、キリストは構いはしません。

だいたい私たちがキリストを外に求めることが、そもそもの誤りなのです。まず第一に、常に内なるキリストを呼ぶことです。すると、それは外に出て、全宇宙に拡がり、私たちの求めるものは何でも自分のものとなるのです。

第9章

供給の法則／豊かさがあなたの上に実現する

「私は豊かさそのものである」身・口・意で表現すると、肉体エネルギーも活性化される

マントラを唱えるのは催眠的なものであって、その力に頼ることになって自己限定を起こしてしまいます。

「私は○○の状態でありたい」などと言えば、その瞬間に、今まで存在していても認めなかった諸々の善き状態に至る他の道を塞《ふさ》いでしまい、実現への道をただ一つに限定することになります。表現が不断に拡大していく生命の在り方と全面的に一致しない限り、思いもつかない形をとる場合があるものです。早い話が、欠乏していることを強調すること自体が、供給をもたらすどころか、窮乏状態をいよいよ悪化させるものです。正しい表現をすれば、滔々《とうとう》と流れ入るはずの質料を制限するような言い方でその流入を塞げば、たちまちにして私たちは神の無限なる豊かさの完全実現を妨げてしまいます。

それでは、すべての善きものを実現する優れた方法は何でしょうか？　それは、「私は豊かさそのものである」と思い、語り、行うことです。これは神（実相）顕現の、あらゆる道を開くもので、逆にこれを閉じるものは何一つありません。それは、あらゆるものに神の存在を認め、すべての善きものの根源と自我が、意識的に一体であることを認めます。これがイエスの教えでした。

イエスの教えは、私たちが常に豊かであり、その豊かさには何の制限もないことにあったのです。

「私は智慧である」「私は調和である」。このように身・口・意において表現していると、肉体エネルギーも活性化されて、本当に智慧と調和が豊かに実在していることに、新しく目覚めるものです。日常生活においてて始終そう口にして暮していると、エネルギーも消耗しません。

しかし、一人の人間が豊かであるだけではなく、それと同時に他の人々も豊かでなければばなりません。こういう態度を取るようにしていると、一人が豊かでなければ他の人も豊かになれるものではないことが判るようになります。もし自分が繁栄していると信じられないなら、それは神のこの滔々たる豊かさの流れから自ら孤立し、窮乏という偶像を造り上げているからです。

幸福・繁栄・豊富を妨げる制約から解放する

一般に人々は、自分は全体の一部にしかすぎないと信じ込んでいますが、本当は一人ひとりが全体の中に融合しているのです。なぜなら、統一の中にのみ、完全はあるからです。一人でも外にはみ出していれば、完全ではあり得ないはずです。私たちが完全なる状態と本来一体であることを悟れば、その状態が外に現れてくるのに気付くものです。

心をこめ、力を尽して神を拝すれば、すべての制約状態から解放されます。何人も、神から孤立する必要はありません。神の無限の豊かさとの一体感に、即刻、今ただなり切ることが可能なのです。そのためには、まず各人が今までに造り上げてきた制約感を打破しようと決心することです。自我を制約から解放するために取るべき手段としては、極めて確実な方法がいろいろあります。

およそ克服し得ない状態なるものは存在しません。幸福・繁栄・豊富は皆のものなのです。その実現を妨げるものの中でも最大のものが、それを容認しないことです。

弥次馬たちがイエスを嘲笑《あざわら》った時、イエスは少しでもそれに意識を向けたでしょうか？　彼らが何かあるものを自分のものにしようとしてあくせくしているのを見た時、イエスは、「心を静めて主の救いを見よ」と言われ、さらに続けて、人間はすべての被造物の主であることを説明し、「平安なれ」と言いました。また、弟子たちには、「汝ら、すでに自由なるを知れ」と言われました。この言葉によって弟子たちは、低い身分とされていた地位から弟子にまでなったのです。

イエスが漁師たちの中から弟子となるべき者を1人選び出した時、イエスは彼をただの漁師と見たでしょうか？　否、「人を漁《すなど》る者」としての弟子と見たのであって、「私に従いなさい」と言ったのです。それは、イエスをしてイエスたらしめた身・口・意の在り方に従えということだったのです。イエスはすべて物事を、最大のへりくだり方でなさいました。それは、自己中心主義は天国には決して入り得ないことを明らかにしたのです。

現在の地球全体の様子を見廻してみると、見かけが不調和であるため、お互いに隣人と疎遠であり、各自は存在についての偉大な計画における相互に無関係な個々別々の存在にしかすぎない、と思うようになりがちです。しかし、実は一人たりともこの計画から疎外され得るものではありませんし、計画は顕現し続けているのです。ちょうど分子の構成における原子群の場合と同じように、一人ひとりが全体の完成に必要なのです。試しに、「ありとあらゆるもの、ことごとくこれ一体なり」と言葉に出して言ってみれば、お互いが決して疎遠ではなく、また、全体としての一体から疎外されているのでもないことが悟れるのです。

必要な豊かさはすでにあると悟った瞬間、あなたの上に実現する

イエスは判り易い言葉で、この人生の目的は死ぬことではなく、生命の実相をより大きく顕現することである、と教えました。一人ひとりが皆大調和の中に作動している全体という原理の中の一単位であり、各人が自分自身の領域に立ちつつ、完全に調和しているのです。従って、イエスの判り易い教えをよく味わってみると、イエス自身が「私は神である」と宣言したのは、実にあらゆる人にそう言わせるためであったことが判るでしょう。このことは原理のただの一部分ではなく、実に原理そのものなのです。

これまでの宗教上の教義はみな、実践ではなくて、あまりにも理論を強調しすぎています。そのような態度を繰り返していると、真理に対する理解が形而下のものだけにしか及ばなくなり、霊的な意義を見失ってしまうものです。例えば、イエスが祈りの答えについて質問した時、「祈りが応えられないのは、求め方が間違っているからだ」と答えました。このことでも判るように、いつも断固として（「すでに……である」、あるいは「すでに希望は実現した」等と）積極的な言明の仕方をしていると、ことさらに祈りの言葉などを用いる必要はありません。

自分にとって必要な豊かさはすでに実存している、と心の中で悟った瞬間、実にその瞬間にそれはあなたの上に実現するものです。従って、外部からどうのこうのという示唆など不要なのです。あなたはすでに、原理と完全に調和しているのです。ある状態を考えた時、あなたはすでにそれと一つになっています。ですから、ある状態を明確に主張すれば、繰り返して懇願などする必要はありません。求める先に完成しているのです。

「彼らが求めている間中、私は聞いていた」とイエスは言いました。さらに続けて、「言われる前にすでに完成している」とも言いました。一体、すでに完成している状態を求め続ける必要があるでしょうか？　ある一つの状態を、何回完成し得るというのでしょう。すでに自分のものになっているものを乞い求める必要があるのでしょうか？　否です。我が国の偉人たちの生涯を辿ってみれば、彼らがいかにして実相界においてすでに完成しているものを、現象界に現れる前に受け取っていたかが判ります。すなわち、潜在意識の奥深くに、完成の道はすでに存在していたのです。彼らはすべての制約感に煩わされることなく、実相の中にすでに実存していたものを顕現することができたのです。

神即全体との分離意識が完全に無くなれば、私たちは原理そのものとして立つことになります。欠乏を立てるのではなく、神を立てれば、どうして欠乏し得るはずがありましょう。原理とは調和であり、明確な法則に従って流れるものです。人間はこれらの法則を学ばなければなりません。

我を出せば、自我以外の道を閉ざされる。しかし神の心が解決してくれると思えば、あらゆる道が開かれる

【質疑応答】

Q 私たちは、欲しいものを願うという因襲に戻ってはいけない、とあなたは言っていますね。

A そうです。初めのうちは正しい方法をとると、とかく惑いが出てきがちなものです。しかし構わずに続けていると、疑惑や恐れは克服されてゆきます。思っていることが実相の世界ですでに成就しているのでなければ、それを思うはずはないでしょう。

Q 言い換えれば、成就を求めよ、すでに成就していると知れ、そしてそのさまを心に描けよ、というわけですね。

A まさしくその通り。神の心が解決してくれると思うようにすれば、あらゆる道が開かれるのです。ところが自分の我を出せば、自我以外の道は全部閉ざされてしまいます。我は過ちを犯します。しかし神の心は決して過ちを犯しません。

Q 私たちが何かを求めて大師方のように両手を差し出しても、手の中が求めたもので満たされないのはなぜでしょう？

A 私たちがそうしようとしないからです。「求めたものなど見当たらない」と私たちが言うからなのです。両手を出したら感謝を捧げることです。それがエリヤのしたことです。今日において、それは何百万もの形で実行されています。

Q 大師方は、どんな風にしてあなたのお仕事を援助してくださったのですか？

A 大師方の援助なしに独力でやったとしたら、この事業は始めることさえままならなかったでしょう。私たちは家族同様の仲間以外に、何らかの組織や個人に頼る必要は全くありませんでした。たとえ私たちに財力があっても、大師方の援助がなければ、事業を進めることはできなかったはずです。

仕事を自分たちだけの考え通りに進めてみたことも随分あるのですが、結局はその都度大師方の下す結論に戻らざるを得ませんでした。大師方はその結論を、古代文明時代から伝わっている、大師方の間で保存されてきた化学智識や機械智識に基づいて下したのです。

第10章

真理は汝を自由ならしめん

大いなるものを成就し、自由を実現する術

イエスは「真理は汝を自由ならしめん」と言いました。人が宇宙に遍在する、滔々とした力の流れの中に立つなら、何人も彼を妨害したり、停止させたりはもちろん、一指たりとも触れることはできません。

キリストとは、個人を通じて流れる神のことです。この態度を持する者は、あらゆるものを活用し得るのであり、原理即神のすべてが彼を通じて流れるのです。

それにもかかわらず、私たちの大多数の場合、この力が停滞し、不活発で、反応を示さないのはどういうわけでしょうか。唯一の原因は、それに対する私たちの態度です。この力が満身豊かに流れてはいても、私たち一人ひとりの物の考え方によっては、せっかくのこの力を活用することが阻止されてしまうのです。しかし、この力が自分の中を流れているのを自覚すれば、意識的にそれを働かすことができます。

イエスが「父なる神と一体である」と宣言した時、イエスは、人間すべてがイエスのようになれること、また実相においてはすでにそうであることを知っていました。私たちがどのような否定的な状態に捲き込まれたとしても、真理は私たちをそこから解放してくれます。否定的状態を造り出すのも自分ですし、考え方を変えることによって自分を否定的状態から解放するのもまた自分なのです。

イエスは、この自由を実現する術を知っていました。個人個人が真理を把握するにつれて、人類が、より大いなるものを成就することも知っていました。

私たちは、人間の可能性をようやく知り始めたところです。科学の世界を通して、いろいろな変化が生じつつあります。科学者たちは、もしキッパリと原理に従って仕事をするなら、その研究はもっと効果的に、しかも速やかに成就することを理解しつつあります。このような態度によって、彼らの仕事は単なる推測の状態から抜け出しつつあるのです。

神を貶《おとし》めることが死です。神の貶めによるものの他に死はありません。イエスは神に向うべき道を私たちにこう示しました。「あなたの思いを尽し、魂を尽し、心を尽し、力を尽して、神を崇めなさい」と。しかし、私たちは外部の状態を拝み、およそ考え得る限りの偶像を造り上げて崇拝するまで落ちぶれたのです。私たちは、自らの内から神を引き出さねばなりません。そのようにして、全世界に神を顕すのです。

「私たちの救世主は、私たち自身である」とイエスは言った

私たちがこのような話をすると、その権威をどこから得たのかと訊ねる人がたくさんいます。それを知りたければ、ユダヤの聖書（ヘブライ語の旧約聖書）とヘブライ語辞典を取り出して、自分で翻訳してみるとよいです。創世記第一章に、数百万年にわたる進化が、完全に叙述されていますが、その中で人類の偉大なる時期がいくつかあったことが判ります。

ところが、最初の教えが歪曲されたために、人間は神の配慮から疎外され、物質の中に

住み、物質を通じて働かなければならない、と教えられてきたのです。しかし、決して神は、人間を神の外に投げ出しはしません。人間はいずれは死すべき儚《はかな》い存在であって、祈りと宗教に従うことによって神に取り入らなければならないという幻想は、人間自身が造り上げたものです。

しかし、私たちがどんな態度をとるにせよ、完全なるものを変えることはできません。このことは、常に明白な真理です。私たちが自分のこの肉体を、自分の想念でどのような形にしてしまおうと、原理自身にとっては何ら問題ではありません。肉体を不完全なものと考えて、その通り造り上げても、原理自身はいささかもそのために改変はされません。私たちは、あらゆる疑念を持ちたいと思えば、それもできます。しかし、何時かは真理が浸透するでしょう。

私たちがすべての懐疑を棄て去った時、初めて私たちは故郷である完全に戻るのです。「私たちの救世主は、私たち自身である」とイエスは言われました。人はよく、「神よ、赦し給え」などと祈りますが、完成された愛に何かを赦すということが、どうしてあり得るでしょうか？　完全な原理が何かを赦すということがあり得るでしょうか？　私たちは、神性から背離した自分を、自分で赦すのみなのです。

現代のこの大いなる人類は、まさにキリストの大いなる訓令を受ける、すなわち各個人に宿るキリストを容認する時点に立っています。もし私たちが完全にキリストなる原理に向き直り、破壊的想念ではなく、キリストに相応《ふさわ》しい属性を示すなら、その素晴らしさを改めて認識し、ひいては人類全体の性質を変えることになるのです。私たちは今やこの一大事に直面しているのです。

現在私たちの置かれているこの大いなる時期は、キリストが再び支配者として立ち現れる時期が完成する時です。キリストは、常に征服者です。聖書全体がこの時期を指し、その状態を明らかにしているのです。その状態とは、すなわちキリストの出現、すなわちまた私たちすべてに内在するキリスト・実相神我の顕現です。

以上の真理を受け容れた瞬間に、肉体は光体となります。その時私たちは久しくも長きにわたって気付かなかった内在の力、及び宇宙力を利用し始めるのです。

人間の精神にはあらゆる原子や惑星をコントロールし、創り出す力がある

今や私たちは約150年前にその頂点に達した自然哲学者の、いわゆる黄金時代を通過し、自然の諸々の驚異と自然に投影された完全な神の計画を充分に認識するに至ったのです。この神は同時にまた、人類一人ひとりの中に、そうしてまた、一つひとつの樹木・草花の中に実存するのです。もっとも、鉱物の場合は生命はありますが、鉱物になる以前はある特殊な存在の影響の下で、全く異なる領域にありました。

人類全体が精神能力を活用して活発にコントロールするようになれば、精神にはあらゆる原子、あらゆる惑星をコントロールし、創り出す能力のすべてが実存することを知るでしょう。これこそが至高の英智、すなわち、すべての上に、すべてを貫き、すべての創造主である神の智慧です。

人間は、すべての真実の支配者かつ創造者である神の中に常に立っているのです。それなのに、人がこの偉大かつ崇高なる計画から逸《そ》れ始めると、その逸脱した想念がいろいろな虫、また有毒なものまでを創り出し、それらがのそのそ這《は》い廻って人類を苦しめ、時にはそれ自身や相当数の人間を死にまで至らしめるのです。しかし、何百万という人々が逆の想念の使い方をしたところで、神のプラン全体にはいささかの影響もありません。なるほど一見したところでは、大部分の人類に影響を及ぼすように見えるかもしれませんが、神はすべてを完全に調和に保ち、誤ることなくもとのプランに合わせ、原子の一個たりとも配置を誤ることはありません。

それならば、人類の無限の智慧、すべての上にすべてを通じて支配している無限の神性の集約点ともいうべき一個の細胞から、いかにしてすべてが生じてきたかを考えるのは、果たして難しいことなのでしょうか。

この**無限の智慧は、宇宙が出現し始める遥か以前から支配していたのです**。では、私たちはこの大いなる智慧こそを、唯一の根源として崇拝しようではありませんか。さらにまた、私たち自身をもこの唯一の根源として崇拝しようではありませんか。その理由は、そうして初めて私たちは、神とすべてを明確に把握し得るからです。

すべてを支配している唯一至高の英智／自分の存在が本来完全なものである

この真理を絶対的真理・絶対的事実として、飽くまでこれにしがみつき、自分のものとしない限り、私たちは自分の存在が本来完全なものであるという肝腎な点を見誤ってしまいます。キリスト（実相・神我）の誕生は、聖なる原理の特別の配慮によるのであって、それが全人類、すなわち肉身を現すキリスト・神我の創成なのです。これこそ聖母マリアが予見した、真の不染受胎です。そして、生まれ出ずる子等すべてがそうなのです。人類すべてが久遠に朽ちることなき真のキリストです。故にまた、全人類は本来久遠不死、真実の神なのです。

宇宙創造と生命誕生の神秘を見てごらんなさい。8億年昔に遡ってみれば、当時の人類一人ひとりの中に、この神なる原理即キリスト（神我）が支配していることが判ります。

この時点から現代に下ってみても、当時と同じように内在のキリストが正当に司令し、支配していることが判ります。この真理がいかに無智な、否定的、俗な考え方で覆われてきたとしても、実は大した問題ではないのであって、万物を維持し、また維持しつつあることの真理をたとえ垣間見ただけでも、その瞬間に想念の流れ全体がその有益な影響を受けて好転するのです。

地球の上空に適当な距離を置いて濃厚な酸素層を置き、かつそれを維持し、それで太陽からくる生命線を濾過《ろか》して、その量を地球上に生存する生命体の維持に適当なものにする防御楯の役割を果たさせているのも、実はこの力なのです。人類にこの大いなる愛の働きが判り、人間一人ひとりに対してそれが何を意味するかが判るなら、キリスト原理は直ちに全人類の中に再び急速にその力を蘇らせ、人類は誤ることなく、正しく、完全にすべてを支配している唯一至高の神の英智こそが、すべての根本をなす原理であることが判り、もはや虚構の神々、彫刻の神像などを掲げることはなくなるでしょう。

このようにして、いったんこの完全な真理、言い換えれば、すべてを見えざる背後から動かしている目的が、究極には同一であるとの真理を把握した以上は、たとえ時には感情の嵐その他の不調和の状態に遭ったとしても、もはやこの真理から逸れることはなく、むしろ常にこの感情の嵐を超越し、不変不動、屹然《きつぜん》として立つに至るのです。

「一瞬がすなわちそのまま久遠」であることに思いを致す

こうして平静沈着の徳が確立されれば、もはや二度と動揺することはありません。なぜなら、私たちの想念をこの力に開放して、全心身を流れるようにすると、想念はその神化の力に浸され、心は再び平静となり、そうして時間と空間を完全に超越した唯一の神の器となってしまうからです。そのようにして私たちは、神智原理なる麗しい園の中に回帰したのです。すなわち、ここ地上にまさしく全天の諸々の美が実存し、これから後もまた常に実存し続ける、その地上に安らぎを得るのです。これこそが、各人の中に宿る妙《たえ》なる楽園なのです。

無限の智慧なる神を見出すには、真直に自分自身の中に沈潜することです。全心をこめてそれを為し、神とはまさに我が全心であると悟れば、いかなる問題に対しても回答が出るようになり、久遠恒常不動にして全智となるでしょう。ここにおいてあなたは常に平安にして、自分がすなわちすべてであり、すべてを知り、すべてを与え得るものであり、すべての真理であることを見出すでしょう。さらにまた、人間一人ひとりが自分と全く同じであると知り、そういう人々に自分と全く同じ特権を与えることが歓びとなるでしょう。

以上の真理を一貫して把握し、これによってすべての障害を克服し尽した自覚が出れば、もはや欲するがままに去来し、欲するがままに為し、すべてのものに言葉をもって神性を鼓吹することができるようになり、もはや何を考えようと、考え方に限界を設けることがなくなるでしょう。

この境地に達するまでに、どれだけの時間を要するかは、ひとえにあなた自身によります。実をいえば、瞬間にして達成されているのです。故に、真我なる神の中に在って悦び、すべての限界を棄て、一瞬がすなわちそのまま久遠であることに思いを致すことです。

「神よ、我、豊かに満ちて自由なる生命と光、完全なる豊かさと富と力、すべての障害を超えて自由なるを、貴神に感謝します」

この祈りを為すに当たっては、いつも自分の完全なる肉の宮を考え、自分が今見ている この体が神であると知ることです。自分の肉体を見ている時は、自分の完全円満なる神の宮を観ているのです。

肉体は生きる神の宮／愛し受け容れることが真の崇拝

皆さんの肉体は、およそ形を取ったものの中で、最初の宮です。故に、神が住み給う宮があるとすれば、皆さんの肉体こそが第一にして最も純粋なる宮なのです。だとするなら、なぜこの完全なる神殿を愛し、また拝しないのでしょうか？　そう述べる所以《ゆえん》はこれを神殿として愛し、拝することによって、この神殿が完全なることに改めて気付くからであり、また、愛すること、思うこと、受け容れることが、真の崇拝であるからです。

このような生きる神の宮の如きものは、未だかつてあったためしがありません。人の手をもって建てられたいかなる宮も、この肉の宮には比べるべくもありません。前者は人の心が考え出し、案じ、建てて成形したものであって、この美しき肉の宮の機能の一つだに遥かに及ばず、やがては朽ち果てるのです。途中の営みに何ら思い煩う必要もなしに食物を摂取しては、それを生命に変えるこの肉体なる化学工場のような働きをなし得る工場、あるいはまた、新しき生命体を生み出すようなものは、世界のどこにもありません。

これによって、人類は永遠にその存在を持続するのです。さらにまた、行為し、動き、語り、現在・過去・未来を覚知するのはもちろん、一筋の筋肉を曲げること、さらにまた、建設し、築造し、出講してはうんちくを傾け、繁栄への援助をなし、善なるもの、高尚なるもの、名誉あるもの、崇高なるものを与える等の如きものは、他に存在しません。

考えてもみてください。この肉の宮の他に、これらすべての善価値を与え得る神殿があるでしょうか？　あるとすれば、それはただこの栄えある肉の大神殿によってのみです。それは最初にして、唯一の人の手によらざる神殿です。この栄えある肉の形、この神性なる形、完全に自らを新たならしめるこの神殿体に神が住み、かつ安らぐのを特に選んだことに、一体何の不思議があるでしょうか。

それならば、かくの如き肉体がいかにして、かつまた、いかにこのように貶められたかを沈思熟考してみようではありませんか。それは、私たちが神を冒瀆《ぼうとく》し、偽りに満ちた無智にして我利のみを追求し、真の智識を生噛《なまかじ》りしただけの徒輩によって、この肉体は虚弱であり、罪に満ち、不完全・劣等・異常であり、病み易く、果ては死に至るものであり、不義の内に孕《はら》み、罪の中に生まれたなど、その他およそ本来不滅なるべき人間が誤って考え得る限りのもろもろの謬想を吹聴されてきたからです。

罪・二元論・病・失敗——自らを貶めた想念はどこから来たのか？

では、まず第一に過去を調べて、このような教え・思想・言葉が、何処で、いかにして私たちを罪・二元論・病・失敗、そして最後に最大の不名誉である死という恐るべき渦巻と毒気の中に溺れさせたかを考えてみましょう。さらにまた、この不誠実も甚だしい裏切りの結果どうなったかを、明晰《めいせき》なヴィジョンをもって観取し、かつそれがどの程度私たち、すなわちこの完全なる肉の形をとった神を、侮辱するに至らしめたかを調べてみようではありませんか。

調べ終わり、その実態が明らかになったら、その瞬間からそれを赦し、赦すことによって忘れ去り、私たちの生活・思い・行い、並びにあらゆる体験から排除してしまいましょう。さらにまた、赦し赦し、忘れ忘れて、潜在意識からその跡形もなくなるまで消し去りましょう。

たいがいそういうものは波動であって、波動としての勢力を持つために、幾度となく繰り返して放射され、ちょうど写真と同じように意識に焼きつけられ、結局それを本当のことと信じ込んでしまうもので、これが潜在意識における想念の在り方です。

あなた自身または友人その他どんな人にせよ、その人の写真はその人の肉体の波動の記録にすぎません。想念や言葉が波動を起こして潜在意識に記録されるのも同じことで、それがあなたという意識の主体に対しても繰り返す力があるわけです。そこで私たちは、このように人間の価値を下落させる非真理を受け容れ、信じ、果ては崇拝するところまで自らを貶《おとし》めた過程をしばらく考えてみようではありませんか。

想念の力を限定してきたその殻を、ただ打ち破ればいい

それから、ほんのしばらくの間でよいので、私たちがこのような非真理の言葉を聞いたことも教えられたこともなく、従ってまた私たちの語彙の中にそれが忍び込むこともなかったと仮定してみましょう。そうなれば、私たちはそうした非真理を決して知ることもなく、受け容れることもなく、学ぶことも、信じることも、崇拝することもないはずです。

そうした非真理でさえ学び信じることができる以上、ましてそれが潜在意識から浮上してきたり、繰り返されたりする都度その退去を要求して、潜在意識から追放することも必ずできるはずです。

では、このような非真理には、ただこう宣言しましょう。「君なんか、もうすっかり赦したんだから、私から完全に離れてしまえ」。次に潜在意識にこう言いましょう。「そんなものなんか全部追放して、一切受け付けるな、ただ私の発する真理だけを受け付けよ」

若さ・美しさ・清純・神性・完全・豊富といったものは、現実にそれを見、感じ、聞き、知った上で、さらに、それを崇拝した上で理念と言葉と行いと、その他の方法で表現しない限り、どうしてそれを現実化することができるでしょう。そうすることによって、私たちはそれを潜在意識に印象づけ、潜在意識はこの印象づけられた心象から理念として波動を起こし、それが顕在意識に反射するのです。そうしていると、以前に潜在意識に押しつけられた非真理よりも、このようにして今与えられつつある真理を繰り返す方が、潜在意識としてはやり易くなっていることがほどなく判るようになるでしょう。潜在意識に愛と崇拝の心をもって真理を印象づければ印象づけるほど、より強くそれを反射してくれます。

これすなわち、主たる所以です。というのは、今や非真理を赦し、放つことによって、それが克服されたことを知ったからです。もはやあなたは非真理を超越したのです。すでに非真理は赦され、忘れ去られたのです。

自分の言うことが絶対的真理であると確信した上で、自分の肉体、自分の潜在意識に語れば、潜在意識はそれを外部に描き出してくれます。なぜならば、肉体に語りかけることが真理でなければ、肉体を所有することもなく、考え、動き、語り、感じ、見、聞きし、呼吸すること、総じて生きることは決してできないはずだからです。

次に、世界における最大の特権は、すべてが本質において同じであり、かつ自分の持っている力と同じ力を持っていると知ることです。彼らは自分と同じように同じ力を持ち、自分と同じように実相においてはその力を失ったことはありません。自分と同じように、彼らもこの力について誤った考え方をしたことがあるかもしれませんが、しかし力そのものは決してそれによって変化はしないし、減ったこともないのです。なぜなら、自分の方が変化して、正しい考え方をし、正しい言葉を出し、正しい行いをするようになると、この力が体内を流れるようになり、その妙なる反応がすぐに感じられるからです。

若さとは、以上のことを完全に為す力のことです。皆さんは、これまで自分の想念の力を限定してきたのです。しかし、何時の間にか閉じ込められてしまっていたその殻をただ打ち破ればよいだけです。そうすれば、もはや皆さんは自由の身なのです。

まことにも、「真理を知れ、然らば真理は汝を自由ならしめん」です。

愛や赦しや原理には限度はない

【質疑応答】

Q スポールディング氏ご自身インドに住んで、あなたの著書にあることを肉体の上で体験したというのは本当ですか?

A 私たちには、霊体のままでの移動は自力では全くできませんし、普段は現在知られている物理的方法以外の方法で移動したことはありませんが、体験としては事実です。

Q 何処ででもイエスに接し得るとお判りならば、なぜこのような真理を発見しにわざわざインドまで行ったのですか？

A 私たちはその目的でインドへ行ったのではありません。

Q あなたはご自身の肉体で移動したのですか？ それとも霊体で移動したのですか？

A 私は霊体については何も知りません。しかし、何時の間にか肉体のままで移動していたことは度々あります。どんな風にしてそれが起こったかは判りませんが、しかし起こったという事実は、またできるという一つの証拠です。結局、それはいかなる方法で取り組むかということにすぎません。

Q 赦しに欠けると、愛の力が限られてしまうのですか？

A 愛や赦しや原理には限度はありません。私たちはあらゆる悪《あ》しき状態に対し、あらゆる方向に対し、愛と赦しと原理を活用することができるのです。悪しき状態など放下して原理に戻ることです。放下することが赦しです。赦した瞬間に、もう原理に立ち戻っています。

第11章

大師と共に歩んだ人々

少年に「トゲなんか要らない」と毎日話しかけられたサボテンは、7ヶ月半後にすべてのトゲが消えてしまった

皆さんの中には、草木や花などの種子を植えたり、育てたりして、愛情をもってその生長を見守ってきた人々が大勢いると思います。木というものは、極めて敏感に反応するものです。ルーサー・バーバンクは、自分の木が自分の声に反応するようにならない限り、庭から外には決して出ませんでした。ジョージ・ワシントン・カーヴァーもそうでした。私はジョージ・ワシントン・カーヴァーと一緒に仕事をしたこともありますし、ルーサー・バーバンクとは6歳の頃からの幼友達です。

ルーサー・バーバンクは、イエスがいつも彼と一緒に仕事をしているというので、理解のない父母をひどく当惑させたものでした。バーバンクがまだ子供の頃、ある土曜日の午後、彼はお父さんのお伴をして、少し離れている隣家を訪問しに歩いて出かけました。近道を通ることにして、原っぱを横切り、ジャガイモ畑を通りました。よく子供たちがする

ように、ルーサー・バーバンク少年もお父さんの先を走っていました。その時は、ちょうどジャガイモが花ざかりの時期でした。その中にひときわ他の花より高く伸びているのが一本あったので、ルーサーは立ち止まってそれを見ていましたが、やがてまたお父さんのところへ戻ってきたので、お父さんが「花が前後に動いていたよ」と言うと、少年は、「パパ、花が僕に話しかけていたんだよ」と答えました。ルーサー少年のお父さんが後で私の父に、「どうも息子が変なことを言うので、せき立ててお隣に行きましたよ」と言ったものでした。

隣家にいる間中も、ルーサーはしきりに帰りたがり、結局、3時半過ぎにお隣を出ました。例のジャガイモ畑にさしかかると、少年は一目散に先を走って、さっきのジャガイモの所に走って行きました。すると、畑一面に非常な静けさが漂い、葉の一枚もそよとも動きません。お父さんが少年の立っている所に来てみると、例の高く伸びた種子の入った莢《さや》がまた前後に動いています。

「パパ、僕、ここに残っていたいよ。だってイエス様が僕に話しかけて、僕にいろんなことを教えてくださるんだもの」と、少年は言うのに、お父さんは無理に彼を家へ連れて帰り、いつもの雑用をさせると、ベッドへ追いやってしまいました。ところがしばらくすると、少年はコッソリ階段を下りて家を抜け出そうとするところを見つかってしまいました。そんな風で、その晩は二度もベッドに追い返されたのです。そのうち何だかんだで時刻ももう夜11時になっていたので、両親は少年が結局寝入ったものと思いました。

さて、その翌朝になると、ルーサーの姿が見えません。お父さんが畑に出てみると、少年は例のジャガイモ畑で、ジャガイモに精いっぱいすり寄ってそれを囲むようにして、毛布にくるまったままぐっすり寝込んでいたのです。お父さんに起こされると少年の言うことには、「パパ、イエス様がね、夜通し僕にお話ししてくださったの。あの小さい球根が熟するのを見届けてから取り出して、大切にしまっておいて、来年の春その種子を植えると大きくなって、僕が有名になるほどのジャガイモが一つできるんだってさ」。結局、それは実現しました。

ルーサー・バーバンクはまた、サボテンの栽培もしました。彼はプリックリー・ペア

（サボテンの一種、果実が西洋梨の形をしたもの）を取り出して、ガラス箱の中に入れました。そうすると、外部からの影響から守られるわけです。5ヶ月半もの間、彼は毎日1時間ほどこの箱の前へ坐って、こういった意味のことを言ったものです。

「君はもう守られているのだから、そんなトゲなんか要らないよ。そんなものなんか捨ててしまいなさい」

すると、7ヶ月半後にはトゲが落ちてしまい、トゲなしのサボテンが得られたのです。

神のアイデアを人々に判り易く伝えることを使命とする

F・L・ロースンは、イギリスの偉大なエンジニアの一人であるロースン・ロースン卿の弟で、デイリー・メイル紙の招聘を受け、クリスチャン・サイエンスの調査を依頼され、著しい成績をあげて、皆を驚愕させました。その彼が第一番に発した声明が、「神の完全なる世界には、神以外には何物も存在しない。人間は神の肖像・似姿であって、神のアイディアを同胞に、完全に規則正しくかつ判り易く伝えることを使命とする」という言葉でした。

　私がロースン氏をロンドンに訪ねて彼の客となったある日、二人とも窓越しに街の通りを見ていました。古い頃のロンドンでは、一頭立ての二輪馬車が使われていたものです。ちょうどその時、片側の道で土木工事の最中でしたが、そこへ岩を積んだ一頭の馬が二輪車を引いてやって来て、いったん止まってから後ろへ下がると、御者が降りて車の後ろへ廻りました。すると、アッという間に車体が後ろに傾き、積荷の岩が、そっくりそのまま彼の上に直に落下してきたのです。その時にロースンの言ったことは、「神の他には何もない、ただ神あるのみ」というひと言でした。すると、その男が落下したたくさんの岩の中から出てきたのです。かすり傷一つ負わずに。

　ところがこれと関連して、もう一つのことが起こったのです。馬が、どうも御者の思い通りには動いてくれないので、御者が馬を叩きだしたのです。その時ロースンがやったのは、御者の注意を引くために窓を軽く叩くだけでした。すると、なんと馬の方がすぐに寄って来て、鼻面を窓にこすりつけたのです。

F・L・ローソンは、第一次世界大戦に部下100名を引き連れて参加し、一人の負傷者さえ出さずに全員復員させせました。しかも彼らは皆最も困難な任務を果たしてきたのです。「神の他には何もない」という彼の思想を、彼は完全に身をもって証明したのです。

電話の発明者ベルがなぜ成功したのか

私たちが何かある物事に対して正しい態度を取った場合に出てくる結果の例証は、まだまだいくらでも挙げられます。さて、私たちが一歩離れて、ある物事を見て、「それは不可能だ」と言ったとします。ところがその後には、決まって誰か他の人が出て来て、それを短期間のうちにやり遂げてしまうものです。事実、今まですべてそうでした。

アレクサンダー・グラハム・ベルが、その好例です。私の家族は彼をよく知っていますが、彼はニューヨークのジェイムズタウンに住んでいました。その頃彼は、バッファローで小さな銀行を営んでいた私の父の兄弟二人に会いに、ジェイムズタウンからニューヨークのバッファローまで60マイル（約97㎞）の道のりを歩いてやって来て、ボストン工業に入社して電話装置を完成し、その後に、１８７６年のフィラデルフィアの独立百年記念万国博覧会会場に電話を据え付けたいので、２０００ドル貸して欲しいと申し込んだのでした。

それで金は貸したのですが、銀行の重役たちがあとでそのことを知ると、父と叔父たちの所にやってきて、辞職を求める騒ぎになりました。それほど、彼らはベルに電話なるものの完成ができるはずがないと確信していたのです。ところが記念会場にいくつかの公衆電話ボックスが立ち、５セント玉一つ払ってボックスの中に入り、別のボックスに入っている友人を呼び出して話ができたため、この小さな装置は大いに好評となり、百年記念万国博覧会の催し以上の収益をあげたのです。

これで、私たちが考えを閉鎖すれば、その収益もまた閉鎖されることがお判りでしょう。アレクサンダー・グラハム・ベルは、本当に素晴らしい人物でした。それにもかかわらず、彼に全く金が無かったのは、いつも盲人の援助をしていたからです。彼は有り金を全部はたいて盲人の救援に使っていたのです。

「全宇宙に愛を注ぎ出すようになるがよい」

ノーウッド博士は、教会裏の林の中によく散歩に出かけますが、そこにイエスが現れては長いこと一緒に話し込むと、よく自分の教会の数少ない会衆に語ったものでした。

ノーウッド博士は、ノヴァスコシアのわずか21人の漁師とその家族しかいない一寒村に小さな教会を持っていましたが、この噂が何時の間にか外部に洩れて私たちの耳にも入ったので、写真を撮ろうと思って出かけ、標準レンズ付きのカメラで撮影しました。その写真は今でも持っています。

後になって、ノーウッド博士がニューヨークの聖バーソロミュー教会に招聘されると、5ヶ月も経たないうちに、教会はすし詰満員となり、溢れ出た人のために屋外までスピーカーを取り付けなければならないほどでした。

あるクリスマス・シーズンの治病祈禱《きとう》の時間中、イエスが祭壇の後ろから出て会堂の中央通路を歩いて来るのが見えました。私は500人以上の会衆にスピーチをしていたのですが、その時にこのイエスの姿を拝したのです。その時のイエスの御挨拶はこうでした。

「全宇宙に愛を注ぎ出すようになるがよい」

インドでは、大師の弟子たちは非常に美しい祈りを献げます。しかしそれは懇願の祈りでないことに皆さんはお気付きになるでしょう。すなわち次の通りです。

「私は今日一日、神と神の豊かさに完全に浸り切ってすべてに対処する。

今日一日、すべての行為において、征服者キリストが神の豊かさと一体となって現れ給う。

私は今、自分が神の至高の子であることを自覚している。

今日の各瞬間瞬間を、私は神と神の聖なる愛に浸されて動くのである。

大いなる愛の炎が、私の全存在の全細胞を貫流する。
私は神の純黄金色の炎である。
私はこの炎を私の肉体にあまねく注ぐ。
我が父なる神よ、今、征服者キリストがあなたに挨拶を申し上げる。
平安！　平安！　平安！　神の大いなる平安が遍満しているのである！」

第12章

我は信ず

あなたがすでに解脱《げだつ》しており、自由に堂々と闊歩《かっぽ》する者であることを自覚せよ

目標は神である。まず自らの内なる神を想い、神と共に今日の一日を始めるがよい。目標は確立している、前から常に確立していたのである。あなたは神性である。神の姿、神のキリスト、神なる男子、神なる女子である。

しかし、あなたにその通りに考えよと強制する者は一人もいないのである。それはあなたの神我への自由意志による供物でなければならない。

神なる我は、宇宙生命・宇宙力と合一しているのである。この力はすべて我が天性に集中し、我が神の完全なるエネルギーによって積極的となり、このエネルギーをすべての形あるものに放射し、与えて、これら形あるものをまた積極的ならしめ、遂にありとあらゆるものが変貌し、調和して完全となることを期する。

我が心は、無限の英智をもって満たされて表される。我が全身にある才能は悉《ことごと》く我が心を通して自由に表現される。人類すべてまた、然りである。

我が心は、平安と愛と征服者キリストの歓びで溢れるまでに満たされている。我はすべての人々の面《おもて》に、征服者キリストを見る。我が心は神の愛によって強く、全人類の心を満たしているのを自覚する。神の生命は我が全血流を隈なく豊かにし、我が体をその清純さをもって満たす。

神はすべての生命である。我は呼吸と共に生命を吸入し、我が肺は呼吸と共に生命を摂取し、我が血流は生命の活力をもって満たされる。

神なる我が胃は、智慧あり全能なる生命の消化エネルギーである。我が体の器官は、すべて健康と調和を注ぎ込まれ、我が組織はすべて完全なる調和の内に機能する。

我は、我が器官すべてが、神の智慧をもって注ぎ込まれているのを自覚する。全器官が、それぞれの為すべき業を知り、共働して我が全心身の健康と調和を図る。

神なる我は、全宇宙を満たすエネルギーである。我はこのエネルギーを遍満する神の生命から常に吸収する。神は強大なるその生命を我に与える全智全愛の英智であることを知る。我はまた、神すなわち我が完全なる肉の身に内在する臨在の全支配力を実現する。

完全なる癒しをなす生命の故に、我は神を讃美する。ありとあらゆるものが生命である。その故に我は、あらゆる生命をして自己顕現するのである。

征服者キリストは言う、「私の言葉は霊であり、生命である」と。また言う、「もし私の言葉を守るならば、決して死を見ないであろう」と。

英智のキリスト、勝利のキリストは全宇宙に豊かなる愛を放射する。

すべては至高心である。我は至高心である。

我は至高の英智・愛・力である。我自らがこの荘厳不尽《しょうごんふじん》の英智であることを、我は心の底から歓びとともに雄叫《おたけ》びして感謝する。それと共にこの英智を我自身に引き寄せて、この絶えることなき英智を完全に実感することを求める。

想念と、口から発せられた言葉は、物であることを銘記せよ。

あなたは、すでに解脱《げだつ》している、すべての限定状態から完全に解脱している。この歓びの福音を高らかに叫べ。そうして、あなたがすでに解脱しており、自由に、堂々と闊歩《かっぽ》する者であることを自覚せよ。

我は今、生まれ変わって神の至高心となり、その完全なる力となったのである。我は神である。

私たちは、歓ばしい愛の光を、すべての魂に分かち与えるために存在しているのです。このことを完全に自覚し、この自覚をもってすべての人々と交わりましょう。

これは、実に大いなる特権です。

なぜならば、この限りなき神の愛をすべての魂に放射する時、当人の魂は身震いするまでに聖霊をもって満たされるからであり、また、全人類に対する神の愛を実感するからです。このことを実感し、体認することは、同時に全人類に征服者キリストが内在することを実感し、体認することです。これによって、私たちは、イエスが与えられたのと同じ神癒力と英智を与えられるに至るのです。

追記

第一次世界大戦中、スポールディング氏は、イタリアに派遣されて、若い飛行士たちの訓練に携わることになりました。この飛行士のグループに、故国アメリカの両親から許しを得てこの訓練に参加したある14歳の少年が混じっていました。

彼とスポールディング氏の間に、温かい友情が通いました。しかし、第二次世界大戦では、この飛行士はアメリカ側の戦死者の中に入ってしまいました。

彼の飛行機の座席に、スポールディング氏に献じられた次の詩が残っていました。スポールディング氏は晩年の2年間、講演の間によくこの詩を誦《しょう》したものでした。この詩を本書に編入するのは、氏もまた望むところであろうと思われます。

おお、我炎熱の地帯を滑り
空々に舞いて銀の翼にて笑いぬ。

陽光に裂くる雲らの
転び行く歓喜を我も悦びつつ
太陽に向いて我は昇りぬ。

昇りて我は
卿に未聞の事どもを為しぬ
旋廻、高翔、揺動を為し、高く、
寂寞《せきばく》の中、そが中を舞いつつ。

我は叫ぶ。風を追い

気圏の広間を過《よ》ぎり
目くるめく紺青に

上へ上へと投げつけぬ
はやりにはやる我が無足の飛機を。

我は雲雀《ひばり》も鷲すらも得《え》飛ばぬ
風に曝《さら》されし天頂に
いとも容易《たやす》く雅《みやび》やかにも達したり。

声を呑み、心弾みて
高遠未到、宇宙の聖所に、今足を踏み
手を挙げて、我は触れたり、神の面に。

著者：ベアード・スポールディング　Baird T. Spalding
1872年ニューヨークに生まれる。
1894年、科学者を含む11人の調査団とインド、チベットへ旅し、そこでヒマラヤ聖者たちの行う様々な超人的御業を目にする。この体験をまとめた記録は1924年に出版され、現在に至るも世界中で高い評価を受け続けている。日本では『ヒマラヤ聖者の生活探究』の題で親しまれている。
1953年、80歳で死去。

訳者：成瀬雅春　なるせ まさはる
ヨーガ行者、ヨーガ指導者。1976年からヨーガ指導を始め、1977年２月の初渡印以来、インドを中心にアジア圏を数十回訪れている。地上１メートルを超える空中浮揚やシャクティチャーラニー・ムドラー（クンダリニー覚醒技法）、心臓の鼓動を止める技法、ルンゴム（空中歩行）、系観瞑想法などを独学で体得。2001年、全インド密教協会からヨーギーラージ（ヨーガ行者の王）の称号を授与される。2011年６月、12年間のヒマラヤ修行を終える。成瀬ヨーガグループ主宰。倍音声明協会会長。日本速歩協会会長。朝日カルチャーセンター講師。主な著書に『ヒマラヤ聖者が伝授する《最高の死に方＆ヨーガ秘法》』（ヒカルランド）、『ヨーガ奥義書』『クンダリニーヨーガ』『ハタ・ヨーガ 完全版』『クンダリニー覚醒～すべての人に宿る 強大な精神パワー～』『速歩のススメ　空中歩行』（いずれもBABジャパン）、『インド瞑想の旅』（中央アート出版社）、『仕事力を10倍高める』シリーズ（PHP研究所）は韓国でも発刊、監修に『あるヨギの成功の黄金律』（フォレスト出版）など。

〔問い合わせ先〕
〒141-0022 東京都品川区東五反田 2-4-5 藤ビル５階
成瀬ヨーガグループ
E-mail　akasha@naruse-yoga.com
URL　https://naruse-yoga.com/

＊本作品は2014年４月、ヒカルランドより刊行された『[実践版] ヒマラヤ聖者への道 Ⅲ　5 久遠の生命』の新装分冊版です。

新装分冊版［実践版］ヒマラヤ聖者への道5
久遠の生命

第一刷　2024年5月31日

著者　ベアード・スポールディング
訳者　成瀬雅春

発行人　石井健資
発行所　株式会社ヒカルランド
〒162-0821　東京都新宿区津久戸町3-11　TH1ビル6F
電話　03-6265-0852　ファックス　03-6265-0853
http://www.hikaruland.co.jp　info@hikaruland.co.jp

振替　00180-8-496587

本文・カバー・製本　中央精版印刷株式会社
DTP　株式会社キャップス
編集担当　小澤祥子

ISBN978-4-86742-144-4